KB061865

마음의 짐을 안고 있는 당신에게

NAKANAKA KIMOCHI GA YASUMARANAI HITO E
by Yoshihito Naitou

Copyright ⓒ Yoshihito Naitou 2019
Korean translation copyright ⓒ Gimm-Young Publishers, Inc. 2021
All rights reserved.

Korean translation rights arranged with Mikasa-Shobo Publishers Co., Ltd., Tokyo
through Japan UNI Agency, Inc., Tokyo and Danny Hong Agency, Seoul.

이 책의 한국어판 저작권은 Japan UNI와 대니홍에이전시를 통한 저작권사와의 독점 계약으로
김영사에 있습니다.
저작권법에 의해 한국 내에서 보호를 받는 저작물이므로 무단전재와 무단복제를 금합니다.

마음의 짐을 안고 있는 당신에게

1판 1쇄 발행 2021. 2. 22.
1판 2쇄 발행 2023. 7. 26.

지은이 나이토 요시히토
옮긴이 민경욱

발행인 고세규
편집 길은수 디자인 지은혜 마케팅 김새로미 홍보 반재서
발행처 김영사
등록 1979년 5월 17일 (제406-2003-036호)
주소 경기도 파주시 문발로 197(문발동) 우편번호 10881
전화 마케팅부 031)955-3100, 편집부 031)955-3200 | 팩스 031)955-3111

값은 뒤표지에 있습니다.
ISBN 978-89-349-8700-0 03190

좋은 독자가 좋은 책을 만듭니다.
김영사는 독자 여러분의 의견에 항상 귀 기울이고 있습니다.

홈페이지 www.gimmyoung.com   블로그 blog.naver.com/gybook
인스타그램 instragram.com/gimmyoung 이메일 bestbook@gimmyoung.com

마음의 짐을
안고 있는 당신에게

————

————

————

나이토 요시히토 | 민경욱 옮김

김영사

'휴' 하고
평온한 마음을 되찾는
작은 비결

―――

―――

―――

운동을 격렬하게 한 뒤에 근육통으로 신음할 때가 있습니다. 이는 "몸을 더 움직이면 안 돼요! 조금 쉬게 해요!"라는 신호를 몸이 강하게 보내오는 겁니다.

우리 마음도 마찬가지입니다. 마음 쓸 일이 너무 많을 때, 신경이 더 이상 날카로워지지 않도록 우리 마음은 다양한 형태로 제동을 걸어옵니다. 일테면 편두통이나 복통, 코막힘 증상이나 인후염, 발열 증상일 때도 있고 우울증일 때도 있습니다. 그렇게 신호를 보내 "이제 슬슬 쉬지 않으면 큰일 나요!"라고 알려주는 거랍니다. 마음과 몸이 "위험! 위험!"이라고 경고 사이렌을 울리는 거니까 이럴 때는 일단 쉬는 게 가장 좋습니다.

그렇지만 대부분은 그래도 쉬지 못하죠.

'열이 좀 나더라도 회사를 가야…….'

'컨디션이 조금 안 좋다고 일을 내던져선 안 돼.'
이렇게 생각하고 맙니다.

제대로 쉬어야 하는데, 그러지 못하는 사람이 갈수록 늘고 있습니다. 일을 마치고 집에 돌아가서도 업무가 신경 쓰여 이메일을 확인하거나, 일만 생각하면서 좀처럼 마음의 짐을 내려놓지 못합니다. 마음이 편안하지 않은 거죠.

집에 돌아와서는 마음의 짐을 내려놓고 느긋하게 있으면 좋으련만, 괜한 업무 생각을 하고 있습니다. 그러다 보니 아주 사소한 일에도 예민해져 배우자와 다투는 일도 생기고요, 아이에게 감정적으로 대응해버리기도 하죠. 가시방석에 앉은 듯 집안 분위기가 불편해져 마음이 차분해지지 못하는 악순환에 빠질 때도 있습니다.

마음을 무겁게 하는 인간관계, 부담스러운 업무, 집안일, 다양한 양육 문제, 부모님 걱정……. 신경 써야 할 일이 태산 같습니다. 그렇다고 마음의 경고 사이렌을 놔두면 정신만 더 사나워질 뿐입니다. 어떻게 하면 마음의 짐을 내려놓고 느긋하게 지낼 수 있을까요?

이 책에서 **마음의 짐을 내려놓고 평온한 마음을 되찾는 심리 테크닉**을 다양하게 다룰 겁니다. '어쩐지 요즘 마음이 무겁다……'라고 느낀다면 이 책을 읽어주세요.

"앗! 이 정도면 바로 실천할 수 있겠다!"

"왜 이걸 지금까지 안 했을까!"

눈이 번쩍 뜨이는 테크닉만 엄선했으니 어떤 독자라도 기뻐하시리라 생각합니다.

자, 마지막까지 잘 읽어주시기 바랍니다.

나이토 요시히토

차례

1장 마음의 짐을 너무 많이 껴안고 있진 않나요?
때로는 스위치를 꺼두세요

조금 비겁한 나 자신도 좋다
2장 마음의 액셀, 너무 많이 밟고 있지 않나요?

마음이 스르르 풀리는 기술
3장 이제 심각한 표정을 짓지 않아도 돼요

4장 자신을 좋아하는 사람은 언제나 긍정적
마음의 피로를 없애는 '자기긍정감'이란?

5장 '욱'과 '끙끙'을 날려버리는 비결
아는 것만으로도 차원이 달라진다

6장 자신의 감정을 어디로 향하게 할 것인가?
깨닫는 순간, 마음이 풀어진다

마음의 짐을
너무 많이 껴안고 있진 않나요?

때로는 스위치를 꺼두세요

01

이도 저도
놓칠 수
없다면

'마음대로 골라잡는 게 좋아.'

물건을 살 때도, 뭔가를 선택할 때도 이런 생각을 하는 사람이 많을 겁니다. 사실입니다. 수많은 종류의 아이스크림이 즐비한 가게에 가면 신나는 사람, 가전 양판점에서 다양한 모델의 스마트폰이나 컴퓨터, 카메라를 보면 들뜨는 사람도 많겠죠.

"어머! 이런 상품이 다 있네. 전혀 몰랐어."

새로운 발견에서 오는 자극은 인생을 풍요롭게 만들기도 합니다. 하지만 선택지가 늘어날수록 당신의 고민과 망설임도 늘어나 마음이 피곤해진다는 점을 기억해야 합니다. 공들인 시간이 늘면 보상 심리도 커져 **'실패하고 싶지 않아!'라는 마음**이 강해지니까요.

'무엇이든 고를 수 있다' 하며
생기는 부담

◉

"실패할 가능성이 없는 바닐라 맛 아이스크림도 좋지만, 여기 한정판 메뉴도 마음에 드네."

"이 컴퓨터는 가벼우면서 디자인도 예쁜데, 저 컴퓨터는 값이 싸서 가성비가 좋겠어."

이 정도면 행복한 고민에 속하죠.

가령 선택에 실패하더라도 마음을 바꾸면 그만입니다.

"역시 바닐라로 할 걸 그랬어. 뭐, 됐다!"

"가성비가 좋은 걸 선택했더라면 이번 달, 이렇게 쪼들리지 않을 텐데. 그래도 예쁘니까 됐지, 뭐."

하지만 인생을 크게 좌우하는 문제 앞에선 어떨까요? 일테면 '어떤 직업을 선택할까?'라는 문제를 맞닥뜨리면?

우리에게는 직업 선택의 자유가 있으니까 원하는 어떤 일이든 할 수 있습니다. 물론 의사나 변호사가 되려면 전문적인 내용을 공부해서 국가시험을 통과해야 하고, 프로 야구선수가 되려면 상당한 야구 실력이 있어야겠죠. 그렇다고 해도 예전처럼 '부모의 직업을 잇는 것 외에는 길이 없다'라는 상황에 놓인 사람은 그리 많지 않습니다. 누구나 자유롭게, 자신이 원하는 길을 걸을 수 있습니다.

하지만 '선택지가 많아지는 것이 곧 행복'이라고 딱 잘라 말할 수도 없습니다. 저는 대학교수로 일하는데 취업 준비를 하는 대학 4학년 학생들을 보면 전혀 행복해 보이지 않더군요.

'내 인생을 결정하는 거니까 반드시 좋은 회사에 입사해야 해.'

'잘못 선택하면 내 인생은 끝장이야.'

구직 활동을 하며 이런 생각에 짓눌립니다. 그러니까 마음이 무거운 겁니다. 취직이 결정되더라도 잘됐다며 마음을 쓸어내리기보다 '이 회사가 정말 괜찮을까?'라고 자문자답하며 불안해합니다. 취직이 결정됐을 때 그냥 기뻐하면 좋을 텐데 그럴 수가 없는 거죠.

"에잇!" 하고
결단을 내리고 싶을 때

O

선택지가 많을수록 원하는 것을 선택한 뒤 '정말 마음
에 들어!'라고 생각할 것 같지만 사실은 정반대입니다.
미국 퍼듀대학의 제이컵 저코비는 각기 네 가지, 여덟
가지, 열두 가지 세제를 주고 제일 좋은 세제를 선택하
는 실험을 진행했습니다. 그 결과 선택지가 늘어날수
록 선택이 어려울 뿐만 아니라 하나를 골라도 '다른 게
더 좋았을 수도 있어'라고 후회하는 일이 더 많은 것으
로 확인되었습니다.

　현대인이 좀처럼 마음의 짐을 내려놓지 못하는 것은,
무엇을 해서가 아니라 **선택지가 너무 많기 때문입니
다.** 많은 선택지가 마음의 짐을 내려놓지 못하게 하는
원인입니다.

> **적당할 때
> 손을 털어보세요!**

입지 않는 옷은
과감히 처분하자

서랍장이나 옷장 속이
빼곡!

○

이런 상태인 사람이 적지 않을 겁니다. 만약 당신도 그렇다면 그리고 최근 '마음의 피로'를 쉽게 느낀다고 자각한다면 입지 않는 옷을 과감하게 팔아치우는 등 처분해보세요.

앞에서 말했듯 선택지가 많으면 우리는 매사에 고민거리가 많아집니다. '매일 옷을 고르는 일' 정도는 아주 사소한 일로 느낄지 모릅니다. 하지만 '오늘은 뭘 입지?' '옷을 도통 고를 수 없어' 같은 일이 우리의 신경을 야금야금 피로하게 만든답니다.

일상에서 좀처럼 마음의 짐을 내려놓지 못하는 커다란 원인은 무엇보다 '선택지가 많다는 것'입니다. 그러므로 **의식적으로 생활을 단순하게 만들 필요가 있습니다.**

옷장은
'소수 정예'로

◉

일테면 주중에 입는 옷을 다섯 벌만 두면 '오늘은 뭘 입고 갈까……'라고 망설일 필요가 없습니다. 다섯 벌만 있으면 '월요일은 이거' '화요일은 이거……' 하는 식으로 비교적 결정이 쉬워지니까요.

《시크한 파리지엔 따라잡기》에 따르면, 프랑스인은 정말 마음에 드는 옷 몇 벌만 두고 돌려 입는다고 합니다. 마음에 드는 옷, 어울리는 옷만 옷장에 남기는 행동의 장점은 옷 고르는 데 시간을 빼앗기지 않는다는 겁니다. 마음에 딱 들지 않는 옷, 어울리지 않는 옷을 하나도 남기지 않으면 '촌스러운 사람으로 보일지 몰라……'라는 걱정이 없어집니다.

'오늘 옷은 정말 이걸로 괜찮을까?'

'좀 더 다른, 괜찮은 코디가 있지 않을까……?'

'이렇게 입으면 부끄럽지 않을까?'

이렇게 생각하며 옷장 앞에서 끙끙대봤자 그만큼 피곤할 뿐입니다.

미국 스워스모어대학의 배리 슈워츠는 수많은 TV 채널을 돌리면서 시청할 프로그램을 고르는 사람이 막상 보게 된 프로그램에 만족하지 못한다는 연구 결과를 발표했습니다. 마찬가지로 자동차를 운전할 때 수많은 라디오 채널에서 원하는 방송을 고른 사람도 결국 선택한 라디오 방송에 만족하지 않는다고 합니다. 그리고 수많은 옷 중에서 원하는 옷을 고른 사람도 역시 불만을 느끼기 쉽다는 결론을 내렸습니다.

'선택할 일이 많다'라는 것이, 실은 '만족할 수 없는 자신'을 만들어내는 원인일 수 있음을 잊지 말아야 합니다.

망설이게 만드는 요소를
최대한 줄이세요.

03

왜 알아보면
알아볼수록
화가 날까?

———

———

———

오늘날엔 스마트폰과 컴퓨터로 다양한 정보를 아주 쉽게 찾아낼 수 있습니다. 맛집이 어딘지, 원하는 상품을 최저 가격으로 파는 곳은 어딘지 등의 정보를 얼마든지 수집할 수 있지요. 정말 편리한 세상입니다.

하지만 말이죠. 정보 수집에도 '마음의 짐을 내려놓지 못하는 인생'으로 내몰리게 하는 함정이 있답니다. **정보를 알아보면 알아볼수록 불만과 짜증이 커진다**는 이야기입니다.

"어라! 맛있다는 평이 많았는데 꼭 그렇지도 않네."

"어! 이런 상품에 그렇게 좋은 평가를 했다고?"

"이 정도 상품이 있는 곳이라면, 차라리 다른 가게를 택할 걸 그랬다."

오랜 시간 정보를 찾아보면서 기대치가 올라가고

그만큼 실망할 가능성이 커지는 것도 어쩔 수 없습니다.

검색은
적당한 수준에서 끝내자

◉

미국 펜실베이니아주립대학의 렉스 워랜드는 상품이나 서비스가 마음에 들지 않을 때 사람들이 일반적으로 보이는 행동을 조사했습니다. 그 결과 '그 자리에서 바로 불만을 말한다'는 사람은 32퍼센트밖에 되지 않았습니다. 대부분 소비자는 상품이나 서비스가 마음에 들지 않더라도 '그렇지 뭐' 하고 넘기는 게 현실이죠. 일일이 화내는 것도 귀찮잖아요.

이어서 워랜드는 〈컨슈머 리포트〉(미국 비영리 소비자 조직 '컨슈머스 유니언'이 발행하는 월간지—옮긴이) 같은 잡지를 보고 상품이나 서비스 정보를 꼼꼼히 알아본 뒤 구매한다고 밝힌 소비자만 표본으로 다시 분석해봤습니다. 이런 소비자들은 남달랐습니다. '화가 나면 가게나 점원에게 민원을 넣는다'라는 의견을 밝힌 비율이

47퍼센트를 차지했습니다. 마음에 들지 않을 때는 반드시 불만을 밝히는 고객입니다.

딱히 알아보지 않고 쇼핑에 나선 사람은 '원하는 게 있으면 사자'라는 정도만 기대하고 가게에 갑니다. 그러므로 산 물건이 마음에 들지 않더라도 '뭐, 어쩔 수 없지'라고 생각하죠.

그런데 잡지나 인터넷으로 미리 꼼꼼하게 정보를 수집한 사람은 수고를 들인 만큼 상품이나 서비스가 기대에 미치지 못하면 화가 납니다. 수고하지 않은 손님이 '뭐, 됐어'라고 넘겨버리는 일이라도 그냥 넘길 수 없습니다. 그러므로 반드시 민원을 넣게 됩니다.

물론 정보를 검색하지 말라는 의미는 아닙니다. 다만 **적당할 때 끝내는 게 좋다**는 말입니다. 정보를 찾아보면 볼수록 지식이 늘어나고 기대도 커지니까요.

'정보 수집 따위 너무 귀찮아'라는 태도를 지닌 사람은 산 물건이 마음에 들지 않더라도 화를 잘 내지 않습니다. 가볍게 받아들일 수도 있다는 겁니다.

기대치가 높으면
실망도 커져요.

04

루틴화로
원기를
보충하자

생활을 단순하게 하는 유용한 수단으로 이른바 **생활
습관을 루틴화**하는 것이 있습니다. '아, 오늘은 뭘 할
까?'라고 생각할 일이 줄어들어 번거로운 일도 그만큼
줄지요. 일테면 '아침은 시리얼'로 루틴화하면 '오늘
아침은 뭘 먹을까?' 하는 고민이 사라집니다. 일일이
생각하면 피곤해집니다. **루틴화해 사고의 절차를 줄
이면 마음의 원기를 낭비하지 않을 수 있습니다.** 마
찬가지로 '점심은 늘 샌드위치, 저녁은 늘 두부와 미역
된장국'이라는 식으로 정해놓으면 바쁠 때 뭘 살지 고
민하지 않아도 돼 '반찬을 고민해야 하는 업무'를 줄일
수 있죠. 단순한 루틴으로 생활하면 스트레스를 느끼
는 빈도가 줄어듭니다.

'일일이 고민할 수고'를 줄인다

◎

매일 정해놓은 루틴에 따라 행동하면 의지력 같은 건 별로 필요하지 않습니다. 늘 운동하는 습관이 있는 사람은 '오늘 운동할까 말까?'라는 고민을 하지 않죠. 운동하는 게 당연하니까요. 여러분도 양치질이 습관일 테니 '오늘 양치질을 할까 말까' 하며 고민하지는 않겠죠. 그와 마찬가지입니다. 미국 서던캘리포니아대학의 데이비드 닐은 의지력이 떨어져 있을 때도 이미 습관화한 일은 별다른 수고 없이 수행할 수 있다고 밝힌 바 있습니다.

일에서도, 일상생활에서도, 일단 **루틴화한 단순한 라이프스타일을 갖추는 것**이 비결입니다. 매일 다른 일을 하려니까 피곤한 겁니다. 평소와는 다른 일을 하려니까 머리를 써야 해 피로하고 지칩니다.

현대인은 '뭔가 새로운 일을 해야만 해'라는 강박관념에 사로잡혀 있는데 심리학자인 제가 보기에는 잘못된 생각입니다. **매일 같은 일을 반복하는 것을 '지루**

한 것'이 아니라 '마음을 차분하게 하는 것'으로 이해
해보세요.

같은 일을 반복하면
마음이 차분해져요.

미리 정해두면
끙끙댈 일이
줄어든다

루틴화와 비슷한데 **자기 나름의 판단과 결정의 '기준'을 정해두는 것**도 마음의 에너지를 낭비하지 않는 좋은 방법입니다. 미리 정해둔 기준에 따라 판단하면 되니까 어떤 문제가 생겨도 쉽게 결정할 수 있습니다.

'그 의뢰를 받는 게 나을까? 하지만 보수가······.'

'주말에 골프 치러 오라는데 가고 싶지 않네······. 그래도 얼굴을 보이지 않는 건 께름칙하고.'

이런 고민을 품다가 마음의 피로가 쌓이는 일도 줄어듭니다.

일테면 당신이 프리랜서로 일하며 '나는 보수가 5만 엔 이하인 일은 받지 않는다'라는 기준을 정해두면 클라이언트가 일을 의뢰할 때 받을지 안 받을지를 일일이 고민하지 않아도 됩니다. 보수가 5만 엔 이상인지만 묻고 판단할 수 있으니까요.

만약 보수가 3만 8천 엔이라면,

"애써 제게 의뢰해주셨는데 죄송합니다. 저는 5만 엔 이하의 일은 받지 않기로 해서요."

이렇게 비교적 담담하게 거절할 수 있습니다. **기준을 정하고 '기준에 맞는지 아닌지'만 판단하면 된답니다.**

마음의 에너지를
낭비하지 않기 위해

◎

'나만의 규칙'을 만드는 것은 심리학 실험을 통해서도 매우 좋은 방법으로 알려져 있습니다. 미국 캘리포니아주립대학의 앨리 혹실드는 **규칙을 만들고 그 규칙에 따라 행동하는 게 마음의 에너지를 낭비하지 않는 좋은 방법**이라고 했습니다.

일테면 '조금이라도 안면이 있는 사람에게는 내가 먼저 인사한다'라는 나만의 규칙이 있다고 칩시다. 거리에서 얼굴 정도만 아는 사람을 만났을 때도 '인사하는 게 나을까, 아니면 말을 걸지 말까?'라며 고민할 일이 없겠죠. 그저 규칙에 따라 "안녕하세요, ○○씨!" 하고 인사하고 지나치면 그만입니다.

좀처럼 마음의 짐을 내려놓지 못하는 사람은 자기 나름의 규칙을 만들 것. 가능한 한 애매하고 모호하지 않은, 확실한 규칙을 정하는 게 좋겠죠.

'나만의 규칙'을 정해두면
우물쭈물 생각하는 시간이 줄어들어요.

자신의 성급함을
깨닫는다

현대인은 성질이 급하죠. 어쨌든, 무엇이든, 빨리 해치우지 않으면 성이 차질 않습니다.

'모든 역에 정차하며 느긋하게 가다니, 말도 안 돼! 늘 급행으로 한 방에 목적지에 도착하고 싶어!'

이런 느낌 아닐까요?

다혈질이 나쁘다고 싸잡아 말할 수는 없지만, 너무 급하게 생활하면 당연히 심장도 빨리 뛰고 위장도 찌릿찌릿 아플 때가 많습니다. 한시도 쉬지 않고 전력 질주하는 거나 마찬가지니까요.

모든 역마다 정차하는 기차나 노선버스를 타고 창밖 풍경을 멍하니 바라보세요. 이런 시간에 마음은 '휴' 하고 풀어집니다. 주중에는 어려울 수 있겠으나 의식적으로 이런 시간을 만들면 마음을 지킬 수 있습니다.

'5분이라도, 10분이라도 시간을 단축하고 싶어!'

이런 날이 하염없이 이어지면 마음도 여유를 잃는답니다.

마음이 급할 때야말로
일부러 천천히 움직이자

◎

현대인은 점점 급해지고 있는 듯합니다. 미국 네브래스카대학의 피오나 나는 인터넷 사용자가 온라인 정보를 내려받는 데 얼마나 참고 기다릴 수 있는지 조사했습니다. 그에 따르면 **참고 기다릴 수 있는 시간은 '2초'에 불과**한 것으로 밝혀졌습니다. 달랑 2초! 고작 2초만에 짜증이 나기 시작하는 겁니다. 우리가 얼마나 급하게 사는지 알 수 있죠. 이래서는 당연히 마음의 짐을 내려놓고 살기 힘듭니다.

속도를 아주 조금이라도 줄이면 기분 전환도 되고 결과적으로 다 잘 돌아갑니다. 안절부절못하며 바짝 신경이 곤두서 있으면 의외의 실수를 하기도 합니다.

일테면 출장을 떠나며 대중교통을 갈아타야 하는 경우, 바로 탑승 가능한 것이 아닌 그다음 것을 타기로 하고 잠시라도 역 벤치에서 느긋하게 보낼 시간을 만들어도 좋습니다. 특급이나 급행 열차가 아니라 아예 일반 열차를 타는 것도 좋답니다. 모처럼 출장으로 다른 도시에 갔으니, 열차 탑승에 '단순한 이동'만이 아니라 '여행의 즐거움'이라는 의미를 부여하는 겁니다. 그 정도는 회사에도 큰 폐가 되진 않겠죠.

예전에는 출장을 가면 웬만해선 하루를 낯선 도시에서 묵어야 했습니다. 저녁에 일이 끝나면 여행을 간 것처럼 출장지를 즐길 수 있었습니다. 그런데 지금은 국내 출장을 가면 그날 돌아오는 게 당연합니다. 그리고 다음 날은 평소처럼 출근해야 하죠. 이래서는 마음의 짐을 내려놓을 수가 없습니다.

사회의 흐름을 거스르기는 물론 어렵습니다. 그래도 느긋함을 의식하며 생활 속도를 떨어뜨리는 것이 중요합니다. 10분 정도의 짧은 시간, 차라도 마시며 마음을 풀어도 좋습니다.

게으름을 피우라는 게 아닙니다. '마음을 지키기 위

해서는 페이스를 조금 **떨어뜨리세요**'라고 말하는 겁
니다. 이 점, 오해 없으시길 바랍니다.

느긋한 기분으로 차를 마시며
'휴우' 하고 숨을 내쉬세요.

07

적당히 듣고
흘리는
자세

마음의 피로를 느끼지 않으려면, **무슨 말을 듣더라도 적당히 흘려버리는 게 좋습니다.** 온갖 말에 일일이 진심으로 대하니까 마음이 무거워집니다. 적당히 "네, 네" 하고 맞장구치며 대충 얼버무리면 좋은데 이럴 수 없는 성실한 사람이 요즘 들어 부쩍 늘었다고 느끼는 사람이 저뿐만은 아니겠죠.

　파올로 마자리노의 《13세부터의 반사회학13歳からの反社会学》이라는 책에 "최근 민원이 늘었다는 의견에 나는 동의하지 않습니다"라는 표현이 있습니다. 그도 그럴 것이 옛날에도 불평하는 사람은 얼마든지 있었습니다. 하지만 예전과 오늘날 사이에는 결정적인 차이점이 있다고 파올로 씨는 지적합니다. 불평하는 사람을 옛날 사람이 훨씬 태연하게 대했다는 겁니다. 점원도,

학교 교사도, 불평하는 사람을 그렇게 진지하게 상대하지 않았습니다. 이래저래 불평을 쏟아내는 사람은 예전에도 분명 있었습니다. "어머, 그래요……?"라며 적당히 흘려들었죠. 바로 '무시'하는 겁니다. 그러므로 그리 마음을 앓는 일이 없었답니다.

비판과 불평에
마음의 상처를 받지 않기 위해

○

'아, 이 사람, 또 불평하네.'

'저렇게 화를 내면 혈압이 안 오르나?'

'뭐, 세상은 넓으니까 속 좁은 사람도 있겠지.'

이렇게 편안하게 넘기면 그만인데 그러질 못하니까 괴로운 겁니다. 특히 인터넷에서 벌어지는 익명의 험담은 조금도 마음에 담아두지 말고, 듣고 싶지 않은 말은 적당히 흘려들으세요.

"아, 네. 예……. 네, 확실히……. 네, 알겠습니다."

이렇게 적당히 맞장구치며 모호한 표정을 지은 채

고개를 숙이고 있으면 상대도 실컷 퍼붓다가 곧 흥미를 잃고 불평을 멈출 겁니다.

격앙되어 있는 등 보통의 감정 상태가 아닌 사람의 말을 진지하게 듣지 마세요. 냉정한 상태가 아니므로 어차피 대화로 해결할 수도 없습니다. **적당히 흘려듣는 것이 마음의 에너지를 낭비하지 않는 비결입니다.**

다카하시 노부오 씨가 쓴《유능한 사원은 '그냥 넘긴다'できる社員は「やり過ごす」》라는 책이 있습니다. 업무에 유능한 직원은 상사에게 이상한 지시를 받아도 적당히 대처하거나 흘려듣는다고 합니다. 당신도 꼭, 이런 자세를 익혀보세요.

'적당히 흘려듣는 힘'을
길러보세요.

08

자신의 마음을
방관자처럼
바라본다

'적당히 흘려듣거나 적당히 해치우면 된다는 걸 머리로는 잘 알아. 구체적인 방법을 알고 싶어.'

이 책을 읽으며 이렇게 생각한 독자도 있을 겁니다.

제가 하고 싶은 말은 이렇습니다.

'너무 진지해지지 않기를.'

'좀 더 적당히 하세요.'

그런데 '적당히 하라는 건 구체적으로 어떻게 하라는 거지?'라는 의문을 느끼는 독자가 있을지도 모르니 조금 자세히 알려드리겠습니다.

상대의 이야기를 진지하게 받아들이지 않으려면, **자신을 객관화**하는 게 좋습니다. '객관화'란 그 자리에 있는 당사자가 아니라 조금 떨어진 곳에서 상황을 보는 방관자처럼 자신을 바라보는 기술입니다.

'싸우자고 덤비는 말에 맞서는 말'을
예방하는 습관

◉

일테면 분노의 감정이 마음속에서 들끓을 때 '이 자식!'이라는 말이 떠오르거나 실제로 입으로 내뱉으면 감정을 조절할 수 없게 됩니다. 감정에 휘둘리는 상태가 되겠죠.

이럴 때는 **또 다른 내가 화난 나를 바라보는 심정으로 실황 중계**를 해보는 겁니다.

"어라, 나는 지금 정말 화가 많이 나 보입니다."

"자, 이 감정을 어떻게 발산할 수 있을까요?"

"아무에게도 피해를 주지 않고 분노를 처리할 수 있는지 지켜보겠습니다."

이런 마음으로 실황 중계를 하는 것을 심리학에서는 '감정의 객관화'라고 합니다. 이렇게 한동안 해보면 대부분 상황에서 마음이 차분해질 겁니다. 의사가 환자를 관찰하듯 상황을 냉정하게 관찰하는 것도 좋죠. 객관적인 태도를 유지함으로써 불평이나 험담을 하는 사람을 봐도 싸우자고 덤비는 말에 맞서는 말을 내뱉으

며 나까지 열 내는 일이 사라지고, 분위기에 휘둘리지
도 않게 됩니다.

'욱' '확' 감정이 치미는 일에
마음이 휘둘리지 않기 위해

◎

뉴질랜드 캔터베리대학의 사울 지브니는 곤충을 눌러
죽이는 기계로 실험 참가자에게 벌레 다섯 마리를 죽
이도록 하는 실험을 했습니다. 벌레를 눌러 죽이는 것
처럼 보였으나 실제로 죽이진 않았습니다. 이를 모르
는 실험 참가자는 자기 손으로 직접 죽이지 않고 버튼
만 누를 뿐이어도 벌레가 죽는 모습을 봐야 하니 기분
이 당연히 나빴겠죠.

하지만 기브니에 따르면 참가자들로 하여금

'이건 과학 발전에 필요한, 중요한 실험이다'

'가능한 한 객관적이고 정확한 데이터를 모아야 해'

라고 생각하게 하면 '불쾌함'의 영향을 받지 않았다고
합니다.

즉 **객관화는 부정적인 기분을 억누르거나 조절하는 데 큰 도움**이 됩니다. 상사나 손님에게 혼날 때는 상대 얼굴의 점을 세어보거나 코털이 나왔는지, 호흡이 거칠어졌는지 관찰하세요. 상황을 방관하듯 속으로 이렇게 딴짓을 하면 내 감정까지 휘말릴 일은 없답니다.

감정을 실황 중계하면
마음의 흔들림이 '훅' 가라앉아요.

감정을
점수화해본다

감정을 객관화할 때는 자신의 감정에 점수를 매기는 방법이 의외로 효과적입니다. '마음이 평온한 상태'를 0점, '가장 큰 분노'를 10점으로 정해두는 겁니다. 이 테크닉은 일본앵거매니지먼트협회(미국에 본부를 둔 국제앵거매니지먼트협회의 일본 지부. 화를 다스리는 다양한 프로그램을 운영하고 있으며 일본 본부에서는 체벌과 따돌림 방지 프로그램도 운영한다—옮긴이)에서도 추천하는 방법이니까 효과는 보증할 수 있습니다.

'끔찍이 싫은 클라이언트와 회의할 때는, 8점.'

'만원 지하철에서 아저씨에게 발을 밟혔을 때는, 음, 4점.'

'전화를 걸었을 때 좀 기다린 건…… 아, 별일 아니니까, 2점.'

짜증 날 때마다 이렇게 점수를 매기다보면 신기한 일이 벌어집니다. **분노의 평균치가 점점 내려갑니다.** 정말 용서할 수 없는 일을 10점으로 정해놓고 그것과 비교하면 다른 일들은 별일 아닌 것처럼 느껴져 고작 해야 2점이나 3점밖에 매기지 않습니다. 2점이나 3점은 그야말로 별일 아니죠. 이런 식으로 상황을 객관적으로 인식하다보면 분노도 작아집니다.

'오늘의 바쁜 정도는, 대략 6점'

◉

앞으로는 분노를 느낄 때마다 수첩에 분노의 강도를 점수로 기록해보세요. 아마 첫 일주일 동안은 엄청나게 높은 점수가 적힐 텐데요, 두 번째 주, 세 번째 주가 되면 점차 점수가 낮아질 겁니다. '그때 그 일보다는……' 하고 다른 분노와 상대적으로 비교하며 판단하면 별일 아니라는 점을 실감할 수 있답니다.

그러다보면 분노를 느끼더라도 1점이나 2점밖에 매

기지 않게 됩니다. 신경 쓸 필요 없는 점수죠. 그럼 이제 기록할 필요도 없어집니다. 분노를 객관화함으로써 제대로 조절할 수 있기 때문입니다.

미국 스탠퍼드대학의 리베카 레이는 최근 자신을 화나게 만든 사람을 계속 생각해보게 하는 실험을 했습니다. 그런 사람을 계속 생각하다보면 당연히 분노의 감정이 들끓습니다. 그런 다음 레이는 이런 분노를 객관적으로 바라보는 방법을 가르쳤습니다. 그러자 계속 생각하는 동안 분노가 증폭되기는 했으나 증가 폭이 점차 작아짐을 알 수 있었습니다. 자신의 감정을 객관적으로 볼 수 있으면 대부분의 분노를 스스로 조절할 수 있다는 증거입니다.

점수화라는 것은 매우 편리한 방법이므로 꼭 시도해보시길 바랍니다. 분노뿐만 아니라 일이 바빠 공황상태가 될 것 같을 때라도 **'오늘의 바쁜 정도는, 대략 6점'**이라고 점수를 매기다보면 마음이 차분해집니다.

‘욱하는 일’과 ‘화가 확 치민 일’은
몇 점입니까?

마음의 고통은 신체의 고통보다 강하다

상해를 입으면 물론 몸이 아픕니다. 그리고 마음은 몸이 아플 때처럼 눈에 드러나지는 않지만, 고통을 수반합니다. 아니, '신체의 고통'과 '마음의 고통'을 비교하면 후자가 더 강하지 않을까, 저는 그렇게 생각합니다.

홍콩대학의 장성천은 '연인에게 배신당하면 얼마나 괴로울 것 같습니까?' 등의 질문을 설문 참가자에게 던져 10점을 만점으로 하여 다양한 심리적 고통을 점수화하게 했습니다. 또 '다리가 부러지면 얼마나 힘들 것 같습니까?' 같은 질문도 해 신체적인 고통도 마찬가지로 10점 만점으로 평가하게 했습니다. 그러자 **심리적인 고통의 평균치는 4.37점**이었던 데 비해 **신체적인 고통의 평균치는 1.36점**이었습니다. 심리적인 고통을 신체적인 고통보다 무려 3배 이상으로 크게 느낀 겁니다.

발이 부러지는 일은 당연히 싫죠. 상당히 심각한 골절은 오래가기도 합니다. 그러나 대체로 한 달이나 두 달쯤 지나면 나아져 원래 생활로 돌아옵니다. 그러나 사이가 좋다고 생각했던 친구가 뒤에서 내 험담을 하고 다닌다는 사실을 아는 것처럼 믿었던 사람에게 배신당했을 때 생긴 마음의 상처는 언제 나아질지 알 수 없습니다. 트라우마가 되면 여러 해에 걸쳐 고통을 느끼겠죠.

신체의 상처는 눈에 보이니까 대부분은 의사를 찾아갑니다. 치료하지 않고 혼자 고치겠다는 사람은 거의 없습니다. 그런데 마음의 상처로 의사를 찾는 사람은 별로 없습니다. 물론 작은 일이라면 스스로 처리하는 게 좋죠. 하지만 상처가 너무 크다고 느낀다면 정신과를 찾아 치료를 받아야 빨리 나을 수 있습니다.

몸에 생긴 상처를 사소하게 여기고 그냥 두면 균이 들어가 큰 질병이 될 때가 있습니다. 마음의 상처도 마찬가지여서 사소하다고 놔두면 점차 마음속에서 악의와 적의, 원한의 감정이 쌓여 큰일이 되고 맙니다. 마음의 고통은 신체의 고통 이상으로 커서 최대한 빨리 낫게 해야 한다는 사실을 명심하세요.

2장

조금 비겁한
나 자신도 좋다

마음의 액셀, 너무 많이 밟고 있지 않나요?

10

조금
순수하지 않아도
괜찮다

———
———
———

스트레스 많은 세상을 살아가려면 선악을 너무 따지지 않아야, 더 나아가 **순수하지만은 않은 마음을 조금은 허용해야 지치지 않습니다.** 순수함을 이상으로 삼으면 결국 자기 마음만 힘들어집니다. 원래 인간은 그리 순수하지 않으니까요.

예를 들어 물은 화학식이 H_2O로, 수소 분자(H)와 산소 분자(O)로 이루어져 있습니다. 하지만 실제로 우리가 마시는 물에는 두 종류 분자 외에도 다양한 성분이 들어 있습니다. 한편 불순물이 전혀 없는 물도 있습니다. 이것을 '초순수初純水'라고 합니다. 이 물은 반도체 세정 등에 쓰이는데 미네랄이 들어 있지 않아 마셔도 맛이 없고 많이 마시면 배탈이 납니다.

마시는 물에는 적당히 불순물이 있는 편이 낫죠. 인

생도 마찬가지 아닐까요?

보고도
못 본 척하는 것도 능력

◎

영국 동남부에 있는 서리대학의 모이라 딘은 18세부터 65세까지의 사람들을 조사해 도덕성이 강한 사람일수록 매우 엄격한 잣대를 가지고 있다는 것을 알아냈습니다. 예를 들어 유기농 채소와 과일만 먹기로 마음먹었을 때, 도덕성이 강한 사람일수록 그렇지 않은 음식을 먹으면 상당한 죄책감을 느낀다는 겁니다.

강한 도덕성을 지닌다는 것은 훌륭한 일입니다. 다만 그것도 정도 문제죠. 너무 엄격하면 피곤합니다. 적당히 도덕적이면 되는 거지, 매사에 지나치게 엄격한 잣대를 들이대지 않아야 편안하게 살 수 있습니다.

예를 들어 늘 제시간에 오던 부하 직원이 어쩌다 4분쯤 늦었을 때는 슬쩍 눈을 감아줘도 좋겠죠. 눈을 부라려봐야 내 혈압만 올라가고 직원은 서운할 뿐입니다.

어떤 '사정'이 있었을지도 모르고요. **'뭐, 그 정도면 됐지'**라며 보고도 못 본 척해주는 것이 인간이 지닌 **다정함**이라고 생각합니다.

지나치게 엄격하게 살면
피곤하답니다.

11

고민되면
확인 행동에
나선다

———

———

———

'나는 직장에서 미움을 받고 있어.'

'나만 주위에서 동떨어졌네.'

이렇게 느끼며 고민하는 사람이 있습니다. 이런 고민은 아주 심각해지기도 합니다.

그런데 말입니다. 본인만의 기우는 아닐까요? '나는 미움을 받고 있어'라는 생각은 어디까지나 주관에 불과합니다. 미움을 받는다는 확실한 증거가 있다면 모를까, 본인의 착각일 수도 있으니까요. 우연히 스쳐 지나가는 상대가 "에헴!" 하고 내뱉은 헛기침이 당신에 대한 혐오감을 표현한 것일까요? 단순히 목이 칼칼해 헛기침한 것일 가능성은 전혀 없다고 단언할 수 있나요?

혼자 마음대로 생각하고 끙끙 앓으며 고민할 정도라면 **확인 행동**에 나서보세요. '나는 직장에서 미움을 받고 있어'라고 생각한다면 **살짝 둔한 척하고 물어보는 겁니다.** "저, 늘 폐만 끼쳐서 여러분에게 미움받는 건 아닐까요?"라고. 대체로 "그렇지 않은걸요"라고 웃으며 대답해줄 겁니다.

혼자 멋대로
주눅 들지 않는다

O

혼자 맘대로 착각해 문제를 크게 만들 때가 종종 있습니다. 《감정의 응급처치Emotional First Aid》라는 책에서는 혼자 고민해봤자 어차피 해결되지 않으니까 빨리 확인 행동에 나서길 권합니다. 이 책에서는 정리해고로 직장을 잃자마자 친구들과 연락이 끊긴 사람을 예시로 듭니다. 그는 '해고당한 녀석에게는 이제 볼일이 없다는 건가……'라며 2주 정도 아주 침울해합니다. '갑자기 이렇게 연락이 안 올 수 있을까' 하고 의아해한 치료사는 "일단 스팸 메일함을 확인해보세요"라고 조언했습니다. 그랬더니 거기에 친구들의 메일이 와 있었답니다. 우정이 사라진 게 아니라 계속 거기에 있었던 겁니다. 친구들의 메일이 어쩌다 스팸으로 처리되었을 뿐입니다. 그 사람의 고민이 완전히 해결된 것은 말할 것도 없겠죠.

고민하고 있을 바에는 상대에게 직접 확인해보세요. 확인해보면 아무것도 아닌 경우가 의외로 많답니다. 확인하지 않으면 계속 정답을 몰라 답답함이 사라지지 않습니다. 확인만 하면 이런 고민은 단숨에 날아갑니다.

우물쭈물 고민할 바에는
대놓고 물어보세요.

12

'돈이 정말 많으면
좋겠다'라는
생각에 솔직해지자

———

———

———

이 책은 '마음의 짐을 내려놓지 못하는 사람'을 위한 책입니다. 그렇다고 해서 '두 손 다 놓고 태평하게 지내는 게 좋다'라는 태도를 권하진 않습니다. 목표를 향해 노력하는 것도, 일에서 성과를 내 승진이나 승급하는 것도, 맡은 역할을 잘 해내는 것도 모두 중요합니다. **핵심은 '해야 할 일'을 확실히 해내되, 마음의 짐을 편안하게 내려놓는 것도 잊지 말라**는 겁니다.

미국 샌프란시스코주립대학의 라이언 하월은 인터넷으로 1,284명을 모집하여 그들을 대상으로 한 분석에서 수입과 저축이 충분하면 심리적인 안정감을 얻는다는 사실을 밝혔습니다. '무슨 일이 생겨도 1년간 생활할 자금이 있다'라고 생각하면 불안이나 걱정이 사라진다는 겁니다.

바라는 것이
현실에서 이루어지는 힌트

○

미국 프린스턴대학의 타냐 마이런샤츠도 같은 조사를 했습니다. 마이런샤츠는 평균 나이 43.7세, 평균 수입이 6만~7만 달러인 여성들을 대상으로 '금전적인 안정에 대해 얼마나 자주 생각하나요?'라고 물었습니다.

마이런샤츠는 '전혀 생각하지 않는다'를 ①로 하고, '가끔 생각한다'라면 ②, '하루에 적어도 한 번'이라면 ③, '매일 여러 번 생각한다'라면 ④라고 답하게 했습니다. 그러자 조사 참가자의 46.1퍼센트는 ③을, 35.2퍼센트는 ④를 골랐습니다. 즉 80퍼센트 넘는 사람이 '금전적으로 더 안정되면 좋겠다'라고 생각한다는 겁니다. '전혀 생각하지 않는다'라고 대답한 사람은 불과 0.4퍼센트에 불과했습니다. 마이런샤츠는 인생의 만족도를 함께 조사해 금전적 안정을 생각하는 빈도와의 관련성을 알아봤는데 '금전적인 안정을 자주 생각하는 사람일수록 인생에 불만을 품기 쉽다'라는 사실을 알아냈습니다.

즉, 날마다 돈에 쫓겨서는 인생을 즐기기 어렵다는 말입니다. 이런 상황을 피하기 위해서라도 **'돈도 많이 벌고 싶고 승진도 하고 싶어! 노력하자!'**라는 마음으로 일하는 편이 좋습니다. 열심히 일하다보면 그 노력을, 반드시 누군가가 봐줄 겁니다.

'왜 나는 이렇게 월급이 적어!'라고 불만스러운 표정을 짓기보다는 눈앞에 있는 일에 정력을 쏟는 것. 거기에서 '바라는 것이 현실에서 이루어지는 힌트'를 낚아챌 수 있을 겁니다.

당당하게
'돈이 좋아'라고 인정해봐요.

13

대범한
그 사람처럼
되는 방법

———

———

———

우리 몸은 긴장하면 바로 경계 반응을 보입니다. 심장 박동이 빨라지고 혈압이 오르며 동공이 커집니다. 혹시 모를 응급 상황에 대비하여 몸이 언제, 어떻게든 대처할 수 있는 상태가 되는 겁니다.

인류가 정글에서 살 때는 경계 반응이 필요했죠. 다가오는 맹수를 한시라도 빨리 알아차리고 서둘러 도망쳐야 목숨을 잃지 않으니까요. 이러한 신체 반응은 현대인에게도 유전되었습니다. 긴장하면 심장박동이 빨라지는 것은 몸이 '자, 언제든 움직일 수 있어'라고 준비했다는 겁니다.

다만 이런 긴장은 시간이 흘러 위험이 전혀 없는 상태가 되었다는 사실을 알아도 바로 사라지지 않습니다.

긴장이 점차 풀리다가 사라지지요. 자연스러운 과정입니다. 다만, **위험이 사라졌는데 긴장이 조금도 풀리지 않는 사람이 있습니다.** 긴장 상태가 당연해진 겁니다. 이런 사람은 전혀 신경 쓸 필요 없는 아주 사소한 자극에도 일일이 과민 반응합니다. **몸이 긴장하고 있어서 작은 자극도 아주 크게 느끼는 겁니다.**

'바로 욱해버리는 자신'을 깨달으면

◎

신경과민으로 힘들 때는 '나도 대범한 그 사람처럼 되면 좋을 텐데……' 같은 생각을 합니다. 몸이 긴장하면 종업원이 주문을 조금만 늦게 받으러 와도 짜증이 나고, 이웃의 아주 작은 생활 소음에도 '참을 수 없어! 시끄러워!'라고 생각하며 스트레스가 쌓입니다.

국제최면학회 회장이기도 했던 아인슬리 미어스에 따르면 불안과 긴장으로 고민하는 사람에게는 '신체 경직'이라는 공통점이 있다고 합니다. 일테면 긴장하면 몸이 석상처럼 굳어버린다는 겁니다(《약물 사용 없이 평온해지기─긴장, 불안 그리고 고통의 자기 조절Relief without Drugs: The Self Management of Tension, Anxiety, and Pain》). 미어스는 긴장한 사람에게 "지금 긴장하셨나요?"라고 물어도, 대개는 보통 "그렇지 않습니다"라며 부정한다고 지적합니다. 그래서 미어스는 그들의 한쪽 팔을 들어 올렸다가 갑자기 지탱하던 손을 빼는 실험을 했습니다. 보통 받치던 손이 빠지면 팔은 툭 떨어지기 마련인데 그들의 팔은 공중에 우두커니 멈춰 있었습니다. 이런 현실을 보여주면 환자도 그제야 자신이 긴장했음을 받아들인다고 합니다.

'작은 일에도 일일이 과민하게 반응하는 것 같아'라는 생각이 든다면 몸이 경계 상태에 돌입했다는 증거입니다. 이럴 때는 바로 긴장을 풀기로 하죠. 괜찮습니다. '마음의 구조'를 이해하고 심리학 지식을 생활에 매일매일 조금씩 응용하면 '조금은 대범한 그 사람'처럼 무슨 일이든 대범하게 맞설 수 있게 될 겁니다.

구체적인 방법은 3장에서 자세히 소개할 텐데요, 눈

을 감고 심호흡하거나 의자에서 일어나 화장실까지 걸어가는 '간단한 기분 전환'만으로도 효과를 볼 수 있습니다. 혼자 날카로워지지 말고 부디 심리학 지식을 내 편으로 만드세요.

혼자 날카로워지는 일은
이제 끝내요.

14

흙탕물도
그대로 두면
맑아진다

'흙탕물을 그대로 두어 서서히 맑게 한다'라는 노자의 말이 있습니다. 대부분 감정은 한동안 그대로 두면 보통 차분해집니다.

일테면 분노의 감정이 확 치솟아도 주위에 전가하지 말고 한동안 그냥 놔두세요. 그러면 마음이 차분해집니다. 어느 정도 놔두면 좋을까요? 대체로 90초 정도면 됩니다.

'어라! 달랑 90초만에 차분해진다고?'라고 생각할지도 모르겠네요. 하지만 대개는 90초만 기다리면 충분합니다. 미국 하버드대학 뇌과학자 질 테일러에 따르면, 분노 화학물질의 흔적이 혈액에서 사라지는 데 걸리는 시간은 보통 90초쯤이라고 합니다(《'감정 미인'이 되는 7가지 문「感情美人」になれる7つの扉》).

부글부글 끓어오르는 감정을
확대하지 않는 비결

●

대개 사람들의 분노는 훨씬 오래가죠. 90초를 넘기고도 이어집니다. '분노의 회로'를 계속 사용하며 스스로 뇌에 지령을 보내기 때문입니다. 끊임없이 휘발유를 부어대니까 분노의 감정이 꺼질 리가 없습니다.

분노의 감정을 빨리 없애려면 분노의 대상을 딱 90초만 생각하지 않으면 됩니다.

'녀석은 남의 말을 도통 듣질 않아.'

'젠장, 열 받아! 패주고 싶어.'

이런 생각이 계속 든다면 도무지 마음이 편해지지 않겠죠.

'부글부글 끓어오른다!'

이런 생각이 들 때는 다른 생각으로 넘어가세요.

'주말에 뭐 하지?'

'재미있는 스마트폰 게임, 뭐 없을까?'

'신문이라도 읽을까?'

이렇게 다른 생각을 하면 분노의 불꽃이 어느새 꺼진답니다.

이것은 '**디스트랙션distraction 방법**'이라는 테크닉으로, 영국 셰필드대학의 토머스 웹이 효과적인 방법으로 확인하였습니다. 웹에 따르면 다른 생각은 그 내용이 중립적이거나 긍정적이어도 모두 효과가 있다고 합니다.

욱하고 화가 치밀 때는 억지로 긍정적인 생각을 하지 않아도 괜찮습니다.

'우유를 사서 가야 하는데.'

'돈을 언제까지 이체해야 했더라?'

이렇게 다른 데 정신을 돌릴 수 있다면 어떤 생각이든 좋습니다.

분노의 감정을 처리하지 못하는 사람이 상당히 많을 텐데요, '**고작 90초로 사라지는 감정**'이라고 생각하면 편안해지지 않을까요?

'분노의 불꽃'에
스스로 기름을 붓지 마세요.

15

한심한 허세를
부리지 않는다

———

———

———

허세를 부리는 사람은 부족한 부분을 다른 사람에게 좀처럼 보여주지 않습니다. 아니, 최대한 발돋움해 멋있게 보이려고 하는 만큼 피곤해집니다. 전혀 허세를 부리지 않는 사람, 다른 사람이 어떻게 보든 그다지 신경 쓰지 않는 사람은 '자신 그대로의 모습'으로 있을 수 있으니까 힘겹지 않죠. 하찮은 자존심에 매달리면 아무래도 버거운 일이 많은 인생을 살게 됩니다. **허세를 부리지 않아야 편안하게 살 수 있습니다.**

프레젠테이션할 때나, 사람들 앞에서 이야기할 때 '걸레로 얼굴을 닦으면 떨지 않는다'라는 미신이 있습니다. 정말 엉뚱한 미신이라고 생각할지 모르나, 이 말의 핵심은 한심한 자존심을 버리라는 것입니다. 걸레로 얼굴을 닦는 행위는 자신을 낮추는 행동인데 그렇게 함으로써 하찮은 자존심을 산산조각 내면 사람들 앞에서 편안하게 이야기할 수 있게 됩니다.

멋진 모습을 보이려 하니까 긴장하는 겁니다. 한심한 모습을 태연하게 보여주자고요. 실수하는 모습, 어딘가 덜렁대는 모습도 숨기지 않고 보여주는 편이 좋습니다.

'간신히 나름 유능한 인간으로 평가받고 있는데 굳이 자신의 평가를 낮추다니 너무 손해 아닌가?'

이렇게 생각하는 사람이 있을지 모르겠으나 염려하지 않아도 됩니다. 뭐든 완벽하게 해내는 슈퍼맨 같은 유형은 왠지 쉽게 다가갈 수 없는 사람이라는 이미지가 생기기 때문입니다. 반면 살짝 덜렁대는 사람에게는 많은 사람이 '마음 놓고 어울릴 수 있겠다'라는 인상을 받게 됩니다.

작전으로
아예 실수하는 것도 좋다

◉

미국 대통령이었던 존 F. 케네디는 하버드대학을 졸업한 엘리트로, 스포츠도 만능이었고 매력적인 모습으로 인기가 많았습니다. 게다가 아버지는 엄청난 부자. 그야말로 슈퍼맨 같은 인물이었습니다.

피그만 침공사건(1961년, 카스트로의 쿠바 혁명정권을 전복시키기 위해 미국의 지원을 받은 망명 쿠바인이 쿠바에 침공했다가 실패로 끝난 일—옮긴이) 당시 케네디 대통령은 엄청나게 잘못된 명령을 내렸습니다. 당연히 사람들은 그 뒤 여론조사에서 인기가 떨어지리라 예측했죠.

그런데 케네디의 인기는 오히려 올라갔습니다. 이제까지 만능으로 보여 가까이하기 어려웠던 케네디 대통령의 실패를 접한 대중은 '케네디도 우리와 같은 사람이구나'라고 여겼기 때문입니다.

이 현상에 관심을 가진 미국 캘리포니아주립대학의 엘리엇 애런슨은 '**실패 효과**'라는 독특한 현상을 밝혀냈습니다. **살짝 덜렁대는 편이 '귀엽다, 친근감이 느**

꺼진다'라고 생각하게 한다는 겁니다.

　허세를 부리거나 자존심이 센 사람이라면 가끔 한심한 부분과 실수하는 모습을 남에게 보여줘도 좋지 않을까요? **일부러 실수해보세요.** 일을 잘하는 사람이 가끔 실수해 얼굴이 빨개지는 모습을 보이면 오히려 직장 동료들의 호감도가 올라갈 겁니다.

살짝 덜렁대는 사람이
귀여워요.

16

허용 범위 안에서
'살짝 나쁜 짓'을

나쁜 짓은 절대 하지 않고 도덕적이어야 한다면 숨이 막힐 겁니다. 품행이 바르다는 것은 인간으로서 미덕일지 모르나 그것도 정도의 문제죠. 너무 완고하면 누구나 숨이 막힙니다. 그럴 때는 <u>슬쩍 장난을 치거나 살짝 나쁜 행동</u>을 해보세요.

"아이고, 그렇게는 정말 못 하겠어요!"

이렇게 말하는 정직한 사람도 있을지 모르지만, 어느 정도가 '살짝 나쁜 행동'인지는 사람마다 다릅니다. 스스로 '이건 좀 나빠'라고 생각하는 일을 하라는 것이지, 법에 저촉되는 일을 하라는 건 아닙니다. 일테면 옷차림에 엄격한 회사에 다닌다면 넥타이를 아주 조금 풀거나, 화려한 무늬의 넥타이를 매는 것만으로도 '살짝 나쁜 행동'을 한 거겠죠. 업무 시간에 "거래처 담당자가 불러서요"라고 거짓말을 하고 혼자 카페에서 차를 마시는 것만으로도 좋답니다. 카페에 갔다가 다른 사람에게 들킬까 염려가 된다면 자판기에서 좋아하는 음료수를 뽑아 어느 골목길에라도 가서 쉬어도 괜찮습니다.

아주 가끔은 허용된 범위에서 '살짝 나쁜 행동'을 하는 것이 마음을 피로하지 않도록 하는 데 좋지 않을까요?

> 자신만의 '살짝 나쁜 행동'을
> 즐겨보세요.

3장

마음이 스르르 풀리는
기술

이제 심각한 표정을 짓지 않아도 돼요

17

스스로
피에로가
된다

———

———

———

서로 대화도 나누지 않고 인사도 하지 않아 사무실에 정적이 흐릅니다. 소통해야 하는 사람이 바로 눈앞에 있는데도 말을 걸지 않고 메일로 보냅니다―이렇게 묵묵히 일에만 매달리는 직장이 있죠. 아무도 입을 열지 않고 일만 하니까 업무 능률은 오를지 모르겠으나 사실은 정말 숨이 막힙니다. 저라면 아마 견디지 못할 겁니다.

다카하시 가쓰노리가 쓴《불편한 직장― 왜 사원끼리 협력할 수 없나不機嫌な職場―なぜ社員同士で協力できないのか》라는 책을 보면, 이런 '불편한 직장'이 많은 듯합니다. 모두 무뚝뚝한 표정으로 컴퓨터 화면만 바라보는 팽팽한 분위기인 직장에 다닌다면 숨이 막혀 편한 마음으로 지낼 수 없는 게 당연합니다.

만약 '내 직장이 바로 이런 느낌!'이라면 정신적으로 편안하게 일할 수 있게, 여기서 잠깐, 직장 분위기 개선에 나서보면 어떨까요?

유머가 넘치는 장소를 만드는 비결

○

아무리 마음이 불편한 직장이라도 누군가 한 명쯤 '피에로'로 나서준다면 어쩌다 '씩' 헛웃음이라도 짓는 사람이 반드시 나옵니다. 그리고 헛웃음이 계기가 되어 점차 직장 전체가 밝아집니다.

미국 미주리대학의 크리스토퍼 로버트는 '유머의 수레바퀴 모델the Wheel Model of humor'이라는 이론을 주장했습니다. 직장에서 누군가 우스꽝스러운 행동을 하면 근처에 있는 사람도 긍정적인 마음이 된다는 겁니다. 이렇게 유머를 받아들이는 분위기가 서서히, 아주 천천히 퍼집니다. 그러면 전에는 절대 웃긴 행동을 하지 않던 사람도 아재 개그나 익살을 떨기 시작해 직장 전체 분위기가 조금씩 바뀝니다. 수레바퀴가 서서히 돌기 시작하듯 분위기가 바뀌는데 이를 '유머의 수레바퀴 모델'이라고 부릅니다.

강연회도 마찬가지입니다. 강연자가 재미있는 말을 해도 처음에는 강연장 전체가 얼어붙은 듯 조용하죠. 매우 '썰렁한 상황'인데 그래도 농담을 던지면 반드시 누군가 웃습니다. 실소든, 쓴웃음이든, 뭐든 좋습니다.

이런 작은 웃음이 방아쇠가 되어 30분만 지나면 강연장 전체가 폭소의 도가니에 빠지죠. 유능한 강연자는 이런 분위기를 잘 만든다고 해야 할까요, 수레바퀴를 잘 돌리는 사람입니다.

'우리 회사는 할당 목표가 너무 높아 직장 사람들이 매우 예민해.'

'회사 내부 경쟁이 치열해서 살벌해.'

'책상에 앉아 일하는 것만으로도 호흡곤란이 올 것 같아.'

만약 이런 직장에서 일하더라도 포기하지 마세요. 업무시간에 누군가가 대놓고 방귀를 뀌자 다들 폭소하여 분위기가 밝아졌다는 이야기를 들은 적도 있답니다. 어쩌면 직장의 다른 사람들도 '누군가가 피에로 역할을 해주지 않을까?' 하고 기다리고 있을지 모릅니다.

작은 웃음이 방아쇠가 되어
좋은 분위기가 퍼져요.

18

조바심 나는
마음을 푸는
1분 테스트

———

———

———

끊임없이 무언가에 쫓기는 듯한 느낌을 받는 사람은 마음이 차분해질 수 없죠. 이유도 없이 괜히 계속 조바심이 든다면 1분 동안 할 수 있는 간단한 테스트를 해 보세요.

준비물은 손목시계만 있으면 됩니다. 벽시계라도 상관없고 스마트폰 시계 앱도 좋습니다. 초 단위로 시간을 잴 수 있으면 됩니다.

준비하셨나요?

손목시계 초침이 12를 가리킬 때 테스트 시작!

눈을 감고 잠시 앉아 계세요.

숫자를 세지 않아도 괜찮은데 한동안 기다렸다가 '1분쯤 됐나?' 싶을 때 눈을 뜨고 시간을 확인합니다.

어떤가요? 만약 56초나 48초밖에 지나지 않았는데 눈을 떴다면 그만큼 조급해하고 있을 가능성이 큽니다. 왜 마음이 이렇게 급한지, 이유는 모르겠으나 어쨌든 마음이 조급한 것만은 틀림없는 사실이죠.

이럴 때는 최대한 페이스를 떨어뜨려 마음의 여유를 찾아야 합니다. 스마트폰을 보지 않기로 하거나 심호흡을 해보고, 휴식을 취하고 스트레칭을 해 잠깐 마음을 가라앉히세요. 자동차도 액셀을 계속 밟아대면 기름만 날리고 결국 차는 멈춥니다. 인간도 계속 페이스를 올리기만 하면 당연히 마음이 비명을 질러대겠죠.

이 1분 테스트는 스테판 레히트샤펜의 《타임 시프팅―인생을 즐길 시간 창출하기Time Shifting: Creating More Time to Enjoy Your Life》에 소개되었는데 누구나 쉽게 바로 할 수 있는 것이라 자주 추천합니다. 저도 대학에서 강의를 할 때 이 방법을 학생들에게 알려줍니다.

'속도 올리기'와 '속도 낮추기'의 균형

O

레히트샤펜에 따르면 늘 신경을 곤두세우는 관리직 직장인을 대상으로 1분 테스트를 했을 때 죄다 15초도 못 기다리고 눈을 떴다고 합니다. 고작 15초! 어떤 사람은 불과 6초 만에 눈을 떴다고 합니다. 그만큼 조급하다는 뜻이겠죠. 마음이 급해질 때 우리는 시간이 빨리 흐른다고 느낍니다. 느긋한 마음일 때는 시간이 느리게 흘러가는 것처럼 느끼죠.

직접 1분 테스트를 해보면 아실 텐데 현대인은 대체로 1분을 기다리지 못하고 눈을 뜹니다. 일부러 천천히 눈을 뜨려 해도 길어야 1분 5초 정도가 최선이죠. 1분 테스트를 해보고 '아, 내가 이렇게 조급한가?'를 깨닫는 게 좋습니다. 생활 속도가 빨라졌음을 인식하면 속도를 줄이려는 의식도 생길 테니까요.

차도 사람도 액셀만 너무 밟아대면
소진된답니다.

19

'먹으면서 ○○하기'를
중단하자

———

———

———

직장인이라면 '파워 런치'라는 말을 들어보셨을 겁니다. 점심을 먹으면서 회의하거나 비즈니스 상담을 하는 상황을 파워 런치라고 한다더군요. 같이 밥을 먹으면 서로 마음을 터놓게 되어 친밀감이 높아질 수도 있습니다. 회의도 부드러운 분위기에서 할 수 있겠죠. 그래서 계약까지 성사되면 두말할 것도 없이 좋을 겁니다.

하지만 잠시 멈춰 생각해봅시다. '밥 먹으면서까지 일한다'라는 상황이 어떤가요? 물론 가끔이라면 좋을지도 모르죠. 하지만 일주일에 몇 번씩 파워 런치를 해야 한다면 마음이 편할 수 없습니다. 또 파워 런치까지는 아니더라도 점심때 서류를 보거나 김밥을 한 손에 들고 컴퓨터를 바라보는 모습도 역시 마음 편한 상황은 아닙니다.

날마다 업무와 집안일에 쫓기는 바쁜 사람일수록 적어도 점심때만은 느긋한 마음으로 식사를 즐겨보면 어떨까요?

점심 먹을 때는
스마트폰 내려놓기

◉

최근 상담 분야에서는 '마음챙김Mindfulness'이라는 단어가 자주 쓰입니다. 명상을 치료에 활용하는 움직임도 활발해 명상 훈련 등도 개발되고 있습니다.

명상, 마음챙김은 '의식성'이라고도 일컫습니다. 자신의 몸과 감정에 의식을 더 집중한다는 의미죠. 급히 음식을 입에 넣거나 스마트폰을 보면서 먹는 상태는 명상과는 반대 상황입니다. 음식의 향과 씹는 느낌, 맛을 천천히 음미하고, 식사할 때 느끼는 본인의 감정 흐름까지 하나씩 깨닫는 것이 명상입니다.

미국 로체스터대학의 커크 브라운에 따르면 평소 자신에게 의식을 집중하는 훈련을 하면 마음에 행복감이 차오른다고 합니다. 명상 훈련이라고 하면 왠지 어렵게 느껴지는데 실상 그렇지 않습니다. 평소 일상에서 얼마든지 스스로 할 수 있는 훈련입니다. 일테면 길을 걸을 때 성큼성큼 목적지까지 쭉 걷는 데만 집중해선 기쁨을 느낄 수 없습니다. 그러면 로봇과 다름없죠. 산들바람이 자신의 머리카락을 날리는 느낌에 주의를 기울이거나, 가로수 잎이 반짝반짝 빛나는 장면을 보거나, 비가 갠 뒤의 공기 냄새를 느끼면서 걸어보세요. 그렇게 **하나 하나에 확실히 주의를 기울이면 자신의 몸과 감정도 분명히 이해할 수 있게 됩니다.**

'내가 피곤한지 아닌지, 마음이 편안한지 아닌지, 잘 모르겠어'라는 상태가 제일 위험합니다. 평소에 마음챙김 명상을 하기 위해서라도 점심때 정도는 천천히 식사를 즐겨주세요.

**가로수 잎, 비가 갠 뒤 공기
― 이런 것에 주의를 기울여봐요.**

20

기분을
리셋하는 시간을
확보한다

___

___

___

집에서는 누구나 편안하게 마음을 내려놓을 수 있습니다. 마음의 짐을 내려놓아도 좋은 곳이죠. 그러나 퇴근했는데도 쉬지 못하고 흥분한 채 신경이 잔뜩 곤두선 사람도 적지 않습니다.

업무 때의 심리 상태를 퇴근하고서까지 질질 끌고 와 현관문을 열고 집 안에 들어와선 안 됩니다. 집에 들어가기 전에 2~3분만이라도 반드시 기분을 '리셋하는 시간'을 만드세요. 그렇게 하지 않으면 낮에 느낀 나쁜 감정과 다음 날 해야 하는 업무 등이 머릿속에서 떠나지 않으니까요.

퇴근 직후에 종종 아내와 말다툼을 한다는 걸 깨닫고, 바로 차 문을 여는 대신 차 안에서 잠시 눈을 감고 릴랙스하는 시간을 갖기로 한 사람이 있었습니다. **'마음의**

속도가 충분히 떨어졌다'고 느낀 다음 "나 왔어!"라며 집에 들어갑니다. 그러자 차분하게 말할 수 있게 되어 아내와 싸우는 일이 사라졌다고 합니다. 이처럼 '잠시의 릴랙스 시간'은 아주 효과적입니다.

'감정의 거스러미'를
그냥 두지 않는다

O

미국 플로리다대학의 진 도널드슨은 난폭한 아이를 '타임아웃'이라는 기법으로 간단하게 통제하는 방법에 관한 심리 실험을 했습니다. 물건을 던지거나 반 아이에게 난폭하게 행동하는 아이가 있으면 아무 말 하지 말고 교실 구석에 일정 시간 머물게 합니다. 아주 짧은 시간이라 해도 이런 시간을 설정하는 것만으로도 난폭한 아이가 차분해진다고 합니다. 이런 현상을 '타임아웃'이라고 합니다.

집에 들어가기 전에 아주 잠깐 릴랙스 타임을 두는 것도, 굳이 말하자면 마음을 진정시키는 타임아웃입니다.

이런 시간을 만드는 게 가정을 원만하게 유지하는 비결이라고 할 수 있죠.

"나 왔어!"라며 집에 돌아온 뒤 바로 가족과 이야기를 나누지 말고 곧장 욕실로 들어가는 것도 좋은 방법입니다. 샤워를 하다보면 마음이 차분해집니다. 한동안 뜨거운 물을 맞으며 자신의 마음을 리셋할 수 있습니다. 가족과 단란하게 지내는 것은 그다음에 해도 충분합니다.

마음이 불안할 때 대화하면 아무래도 불쾌한 목소리나 표정이 나오고 상대를 배려하기도 힘듭니다. "너무 피곤해!"라며 차갑게 내뱉는 듯한 말도 나오고 맙니다. 차가운 태도를 보인 뒤 나중에 반성하며 침울해지기도 하죠.

낮 동안의 일을 집에 가지고 와선 안 됩니다. 완전히 리셋한 뒤 현관문을 여세요.

낮 동안의 이러저러한 일을
집에 가져오지 마세요.

21

날카로운
자신의 모습을
인지하면

피곤할 때는 최대한 다른 사람과 접점을 가지지 않는 것이 비결입니다. 심신의 원기가 사라지면 상대를 배려하기 힘들기 때문입니다. 기운이 있을 때는 상대를 배려하는 말을 건넬 수 있지만, 피곤할 때는 기어이 괜한 말을 하거나 가시 돋친 말을 던지기도 하니까요. 의도치 않게 상대에게 상처를 주어 관계가 싸늘해져 마음의 피로를 조장하는 씨앗을 남길 수도 있습니다.

마음의 가시가 뽑힐 때까지
한 박자 쉰다

○

폴란드 과학아카데미의 카타지나 칸타레로는 대학생

153명을 모아 생리학 논문을 읽히는 실험을 했습니다. 다만 학생 중 절반에게는 논문 속 단어에서 알파벳 'e'가 나오면 줄을 그어 지우며 읽으라고 지시했습니다. 'e'가 나오면 선을 그어버리는 행동이 그리 어려운 일은 아니었죠. 나머지 학생에게도 마찬가지로 'e'가 나오면 줄을 그어서 지우라고 했는데 다만 '다른 모음과 연달아 나올 때는 지우지 않는다'라는 규칙을 추가했더니 상당히 까다로운 작업이 되었습니다.

이 작업이 끝난 뒤 칸타레로는 어린아이가 그린 그림을 보여주며 반응을 조사했습니다. 그러자 그다지 어렵지 않은 작업을 했던 그룹은 아이를 기쁘게 하려고 "좋은 그림이네"라거나 "귀여워라" 같은 긍정적인 평을 많이 이야기했습니다. 그런데 까다로운 작업을 마친 그룹은 "흔한 구도로 흥미롭지 않네"라거나 "너무 많은 색을 썼어"라는 신랄한 발언을 많이 했습니다. **정신적으로 피곤하면 부정적인 발언을 많이 한다**는 것을 이 실험을 통해 아셨을 겁니다.

피곤하면 가능한 한 혼자 느긋한 시간을 보내는 게 좋습니다. 하지만 꼭 사람을 만나야 할 때가 있기 마련

이죠. 그럴 때는 1~2분씩이라도 기분 전환할 일을 찾
아 마음을 털어버린 다음 사람을 만나세요.

> **마음의 컨디션이 나쁠 때는
> 무리하지 마세요.**

22

기분 전환 방법을
정해둔다

―――

―――

―――

"나는 이 일을 하면 완전히 몰두해서 다른 생각이 들지 않아."

"이 작업을 하고 있으면 머릿속이 '텅' 비어."

여러분에게는 이렇게 말할 만한 취미가 있나요? 날이면 날마다 마음의 짐을 내려놓을 수 없을 정도로 바쁘다면 마음을 릴랙스하기 위해 습관이나 취미를 최소한 하나라도 갖는 게 좋답니다. 피곤이 쌓여 이제 곧 공황 상태에 빠질 것만 같은 때라도 취미로 기분을 전환하면 좋죠. 취미에 몰두하면 불안이나 걱정, 긴장 등을 날릴 수 있습니다.

아인슈타인은 바이올린 연주하기를 아주 좋아했습니다. 아마도 바이올린을 연주하면서 머릿속에 있던 복잡한 사고를 다 털어내 기분 전환을 도모했던 거겠죠.

뭐, 그다지 재능이 있었던 것은 아니었겠지만 말입니다. 또 영국의 소설가 애거사 크리스티는 집필 중에 피곤해지면 설거지를 했다고 합니다. 설거지할 때는 딴생각을 하면 그릇을 깨뜨릴 수도 있으니 설거지에만 집중하게 되죠. 그렇게 머릿속에서 필요 없는 것들을 털어내지 않았을까요.

좋아하는 것×집중
=기분 전환

○

기분을 전환할 수 있다면 무슨 일이라도 괜찮습니다. 자신이 집중해 몰두하면 그만이니까 좋아하는 일이라면 뭐든 좋습니다. 기분 전환에 '정답'이란 건 없으니 자유롭게 원하는 걸 고르세요.

'나는 조각 퍼즐을 하고 있으면 다른 생각이 나질 않더라.'

그러면 퍼즐을 몇 개 사놓았다가 갖고 놀며 기분을 전환해도 좋죠. 집에 가서 퍼즐을 즐길 생각을 하면 짜증스러운 마음을 내일까지 끌고 가지 않고 털어낼 수 있습니다. 컴퓨터로 게임을 하는 게 좋다면 그게 최고죠. 식물 돌보는 일이 좋다면 직접 화분을 여러 개 만들어 즐기세요. 다림질이 기분 전환에 효과적이라면 옷을 몽땅 다림질하세요.

대단하거나 훌륭한 일이 아니어도 괜찮습니다.

'이런 일을 하다니, 나 좀 우습지 않나?'

이런 생각이 들더라도 자신이 진심으로 좋아하면 그만이랍니다. 집에서 하는 일인데 뭐든 자유죠.

누군가와의 수다는
효과 만점

◉

"집에서 할 수 있는 기분 전환 말고, 업무시간에 잠깐 할 수 있는, 기분을 전환할 방법은 없나요?"

이런 질문을 던지는 분도 있을 겁니다.

물론 있습니다. 가장 쉽게 할 수 있는 것은, 누군가와 함께하는 수다입니다.

미국 아이오와주에 있는 그리넬대학의 제이슨 드왈에 따르면 짜증이나 답답한 불안을 날리는 데는 '친구와 하는 수다'가 효과적이라고 합니다. 수다를 떨 수 있거나 대화할 사람이 있으면 어떤 마음 상태든 풀리기 쉽습니다.

물론 장소를 가리지 않고 떠들면 주위 사람들이 "시끄러워!"라고 호통을 치기도 하겠죠. 업무 중이라면 '업무 태도가 나쁘군!'이라는 평가를 받기도 할 겁니다. 기분 전환을 위한 수다도 절도를 지키며 해야 한다는 사실을 잊지 마세요.

아인슈타인도, 애거사 크리스티도,
'기분 전환의 달인'이었습니다.

23

징크스를
얕보지
않는다

'기분이 엉망이다.'

'아무래도 불안과 긴장이 사라지질 않는다.'

이럴 때 여러분은 어떻게 하시나요? 기분이 바뀌길 혹은 마음이 차분해지길 하염없이 기다리나요?

이럴 때는 일단 **정해진 동작을 하면** 기분을 바꿀 수 있답니다.

아일랜드에는 독특한 관습이 있습니다. 분노를 느끼면 주머니에 넣어둔 돌멩이를 다른 주머니로 옮기라는 표현이 있습니다. 이렇게 하면 불가사의하게도 기분이 편안해진다고 합니다. 이는 퀴스텐마허 부부가 쓴 《단순하게 살아라Simplify your life》에서 소개한 내용인데 심리학의 관점에서도 효과적인 방법이라고 생각합니다.

돌멩이를 한쪽 주머니에서 다른 주머니로 옮기는 행동은 분명 아무런 의미가 없죠. 하지만 어떤 경우라도 **'그래도 나는 행동했어'라고 생각하는 것만으로 기분을 바꿀 수 있다고 합니다.**

'기분을 바꿀 수 있는 의식' 만들기

◉

단순한 미신이든, '주술' 행위든 해보면 나름 효과를 보는 것은 우리가 '일단 뭔가 한다'라는 것에서 안도감을 느껴 기분이 달라지기 때문입니다.

중요한 경기 전날에는 **징크스를 피하려 자신만의 루틴을 수행**하는 스포츠 선수도 많답니다.

'반드시 오른쪽부터 신발을 신는다.'

'아침 식사로 고기를 먹는다.'

'수염을 깎지 않는다.'

'양손으로 자신의 뺨을 탁탁 친다.'

아무 의미 없는 행동처럼 보일지 모르지만, 실은 깊

은 의미가 있습니다. 이런 행동으로 본인의 마음이 고양되기도 하고 최고의 컨디션을 유지할 수도 있으니 아주 유익하죠.

네덜란드 에라스무스대학의 미카엘라 스히퍼스는 축구나 배구, 아이스하키 같은 프로 스포츠 선수 중 최고의 선수 197명의 협조를 얻어 평소 어느 정도나 미신 행동superstitious behavior(우발적인 행동이 강화되어 행동의 빈도를 늘리는 것—옮긴이)을 하는지, 쉽게 말해 '징크스를 피하는 루틴이 있는지'를 조사했습니다. 그 결과, 최고의 프로 선수 중 무려 80.3퍼센트가 중요한 경기 전에는 어떤 식으로든 미신 행동을 하고 있었습니다. 게다가 그들은 그 행위가 '아주 유용하다'라고 생각했습니다.

우리도 그들을 따라 자기 나름의 '징크스를 피하는 루틴'을 가져도 좋겠죠. 주위 사람이 보면 '아이고, 이상한 짓을 하네'라며 웃을지 모르지만, 신경 쓰지 마세요. 정해놓은 행동을 하는 것만으로 기분을 바꿀 수 있고 후련해지거나 긍정적인 마음이 된다면 그보다 좋은 게 어디 있겠습니까. 제 경우는 세면대에서 얼굴을 깨끗하게 닦고 나면 기분이 후련해져 '자, 다시 해볼까?' 하는 마음이 생깁니다. 무슨 일이든 좋으니, 자신만의 기분 전환 행동을 하나씩 정해두면 마음이 편해집니다.

징크스가 가진 뜻밖의 효과를
최대한 활용해요.

24

이상을 좇기보다
'최저 라인'을
의식한다

'이유도 없이 마음이 무거워져 의욕이 나질 않네.'

'아, 그래도 일해야 하는 건 아는데 할 마음이 생기질 않아.'

이런 마음이 들 때가 있지 않나요? 이럴 때 '나는 뭘 하고 싶은 거지?'라고 자문하는 건 그리 좋은 방법이 아닙니다. 마음의 에너지가 저하되어 있을 때는 '아무것도 하기 싫어!'라는 답이 나올 가능성이 크기 때문이죠.

그럼 어떻게 해야 할까요?

이렇게 물어보면 됩니다.

'나는, 뭘 하고 싶지 않은 걸까?'

이 질문 하나로, 다시 마음을 다잡고 힘낼 수 있다는 사실이 밝혀졌습니다.

'어떻게 자문하는가'에 따라
의욕이 달라진다

●

미국 캔자스대학의 레이철 맥도널드는 대학생 798명
에게 환경보호 행동 26개 중 실행 가능한 행동 하나를
고르도록 하는 실험을 했습니다. '샤워 시간을 줄인다'
'지역 채소를 산다' 같은 26가지 행동을 모아 그중 어
떤 것을 실행할 수 있는지 판단하게 한 것입니다.

다만, 맥도널드는 어떤 환경보호 행동을 실행할지를
두고 두 그룹에 각기 다른 지시를 내렸습니다. A그룹
에는 다음과 같이 지시했습니다.

"당신이 실행하고 싶은 활동에 동그라미를 쳐주세요."

이렇게 '무엇을 하고 싶으냐?'라는 질문을 받은 사람
은 평균 12.81개의 활동에 동그라미를 쳤습니다. 26개
중 12개밖에 선택하지 않았으므로 적극적으로 참여하
고 싶은 활동이 반수 이하였습니다. 그다지 의욕이 생
기지 않았다는 거죠.

한편 B그룹에는 이렇게 지시했습니다.

"당신이 하고 싶지 않은 활동을 골라 그걸 지워주세요."

'하고 싶지 않은 게 무엇이냐?'라는 질문을 받은 그룹에서 지우지 않고 남겨놓은 활동은 '뭐, 해볼 수도 있지'라는 뜻이 되는데 최종적으로 지우지 않고 남긴 활동의 수는 평균 18.90개였습니다.

A그룹과 B그룹을 비교하면 큰 차이가 있죠. 자신이 '무엇을 하고 싶은지'를 생각하기보다 **무엇을 하고 싶지 않은지'를 생각하면 어떤 일에 나설 때 의욕이 더 많이 생긴답니다.**

'이것만은 정말 싫어'라는 것을 만들어두자

◉

취직을 준비하는 학생에게 저는 이렇게 조언합니다. '나는 어떤 일을 하고 싶은가?'라는 생각은 하지 않는 것이 좋다고 말이죠. 이런 발상이면 좀처럼 지원 업종을 정할 수 없어서 구직 활동을 적극적으로 하려는 의욕이 생기지 않습니다.

일단 '나는 어떤 일을 하고 싶지 않은가?'를 생각해

보세요. '너무 가혹한 육체 작업은 싫다'라거나, '제복을 입어야 하는 일은 피하고 싶네' '운전은 싫어' 같은. 이런 조건을 충족하면 '다 오케이!'가 되는 셈이니까 쉽게 고를 수 있습니다. 게다가 의욕도 생기죠.

'의욕적으로 살기'는
생각보다 간단하답니다.

발이 넓어도 의외로 피곤하다

지인이 많아 '인맥 네트워크'의 중심에 있는 인물을 여러분은 어떻게 생각하시나요? 다양한 사람에게 계속 전화가 오고 다들 같이 놀 때 중심이 되는 인물 말입니다. 대부분은 '부럽다'라고 생각하지 않을까요? 많은 사람과 접점이 있으니까요.

그러나 현실적으로 그의 처지는 그리 부러울 게 없습니다. 모두에게 연락이 계속 온다는 사실은 그만큼 '정신적으로 피로하기 쉽다'는 뜻이니까요.

미국 플로리다대학의 제니퍼 하월은 2012년에 다양한 국적의 대학생이 참가한 여름학교에서 흥미로운 연구를 했습니다. 이 여름학교에는 유럽, 미국, 오스트레일리아의 65개 대학 학생이 참가해 다양한 활동을 함께했습니다. 이런 작업은 서로의 나라를 알아가는 데 정말 중요하죠. 하월은 처음 만났을 때는 서로 모르지만 자연스럽게 생기는 인맥 네트워크를 조사했습니다. 여름학교가 시작되기 전과 끝나고 두 달 뒤, 이렇게 2회 조사를 실시했는데 그 결과, 여름학교 중에 네트워크의 중심에 있었던 사람일수록 끝난 뒤 독감을 앓는 등 아팠던 경험이 많았다고 합니다.

하월은 "네트워크의 중심에 있는 사람은 확실히 행복하다고 느끼지만, 동시에 스트레스도 누구보다 많이 받는 듯하다"라고 결론 내렸습니다. 네트워크의 일원 모두가 말을 걸어오니 확실히 기쁘겠죠. 그러나 많은 사람과 빈번하게 어울려야 하니까 역시 마음이 피로해집니다. 마음이 피곤해지면 면역력도 떨어지기 쉬워 감기도 자주 앓고 감염증도 쉽게 생깁니다.

우리는 네트워크 중심에 있는 사람을 보면 종종 '좋겠다. ○○씨는'이라며 부러워합니다. 하지만 당사자에게는 '이것도 피곤한 일'임을 잊지 말아야 합니다. 결코 좋은 점만 있는 건 아니죠. 네트워크의 중심이 아니라 오히려 구석에 있다 해도 도리어 마음이 편안하고 지내기 괜찮을 수도 있다고 생각하는 게 좋답니다.

자신을 좋아하는 사람은
언제나 긍정적

마음의 피로를 없애는 '자기긍정감'이란?

25

자신의 장점을
써본다

———

———

———

'내 수수한 면이 싫어.'

'나는 친구들보다 너무 뚱뚱해.'

이렇게 늘 자신의 단점만 생각하면 밝게 살아갈 수 없습니다. 사소한 일에 전전긍긍하며 고민하지 않고 마음이 피곤하지 않으려면 우선 **긍정적인 자아상**을 갖는 게 제일 중요합니다. 나를 좋아하면 대개 사소한 일에는 신경을 쓰지 않죠. 걱정이나 불안으로 얼굴이 흐려지는 일도 줄어듭니다.

스위스 뉴샤텔대학의 페트라 슈미트는 사람들 앞에서 하는 5분간 프레젠테이션을 통해 실험을 진행했습니다. 한 그룹에는 프레젠테이션 전에 자신의 강점을 간단한 문장으로 쓰게 했고, 다른 그룹은 아무것도 시키지 않고 프레젠테이션을 하게 했습니다. 사람들 앞에 서서 프레젠테이션을 하는 일은 거의 모든 사람에게 스트레스입니다. 그런데 앞서 '자신의 강점'을 종이에 쓴 사람은 스트레스를 그다지 느끼지 않았다는 결과가 나타났습니다.

프레젠테이션을 끝내고 나서 심장박동수를 측정했더니 사전에 아무것도 하지 않고 느닷없이 프레젠테이션을 한 그룹은 심장박동수가 평균 21.2회나 상승했습니다. 정상적인 심장박동수는 대체로 1분간 60~100회 정도니까 21.29회나 증가한 것은 상당한 수치입니다. 그런데 사전에 자신의 강점을 종이에 썼던 그룹은 평균 13.35회 상승에 그쳤습니다. 이 그룹 역시 스트레스를 받았는지 심장박동수는 올라갔으나 대조군과 비교하면 상승 폭은 그리 크지 않았습니다.

긍정적인 자아상과
강한 마음의 관계

○

나의 장점과 강점을 종이에 쓰는 행위는 자신의 마음

을 강화해 스트레스 예방에 도움이 됩니다.

가장 최근에 스스로 뿌듯했던 일을 종이에 적어보세요.

'나는 지하철에서 어르신에게 자리를 양보했다.'

'후배의 야근을 도와주었다.'

'상사가 데이터를 입력을 어려워하기에 소프트웨어 사용법을 알려줬다.'

이런 것들을 쓱쓱 적다보면 **'어머, 나, 의외로 괜찮은 사람이네'**라는 자아상을 만들 수 있답니다. 이렇게 긍정적인 자기 이미지가 생기면 작은 스트레스를 쉽게 날려버릴 수 있습니다.

자신에 대해 부정적인 생각을 하면 모든 스트레스에 내성이 약해집니다. 걱정하지 않아도 될 일까지 지나치게 걱정하는 사람은 대체로 부정적인 자아상을 지닌 사람입니다. 다른 누구도 아닌 바로 나 자신이니까 좀 더 사랑해주면 좋지 않을까요?

> **'나, 의외로 좋은 사람이잖아!'**라는 생각이
> 행복을 불러온답니다.

26

스마트폰
배경화면은
이걸로 결정!

어떤 사람이든, 인생에서 한 번쯤은 스스로 자랑스러 웠던 순간이 있겠죠. 태어나서 지금까지 이런 경험이 한 번도 없었던 사람은 없을 겁니다.

그렇게 자랑스러웠던 순간의 사진이나 동영상이 남아 있다면 스마트폰에 저장했다가 한가할 때 보세요. 어떤 것이든 좋습니다. **'내가 이때, 정말 빛났지'**라는 생각이 들면 그만이니까 초등학교 이어달리기에서 1등 상을 받았던 오래된 사진, 대학 합격 발표 때 사진 등 무엇이든 상관없답니다.

자랑스러웠던 순간을 도저히 찾지 못하겠다면 더 어린 시절의 사진을 활용하세요. 가능하다면 즐거워 보이는 분위기의 사진이 좋습니다. 그리고 의욕이 떨어지거나 침울해질 때 그 사진을 꺼내 보세요. 그럼 '마음을 다

잡고 다시 힘내볼까?' 하는 의욕이 생길 겁니다.

과거의 영광을 보는 것만으로도
의욕 불끈

◉

스포츠 선수의 경우, 경기에서 승리한 직후 적극성이
나 의욕 등을 높여주는 호르몬인 테스토스테론의 농도
가 짙어진다고 합니다. 방금 승리한 선수는 정말 기뻐
서 테스토스테론 농도가 더 짙어진다는 거죠.

　캐나다 브록대학의 저스틴 카레는 이런 가설을 세웠
습니다.

　'실제 경기 직후가 아니더라도, 일테면 과거 경기에
서 승리한 모습을 담은 비디오를 볼 때도 테스토스테
론 농도가 짙어지지 않을까?'

　그리고 프로 아이스하키 선수 23명에게 각자가 출
전하고 승리했던 경기의 비디오를 보여줬습니다. 이
후 그들의 타액을 채취해 테스토스테론 농도를 조사하
니 농도가 확실히 짙어졌습니다. 카레는 같은 실험을

2회 반복했는데 테스토스테론 농도는 각각 42퍼센트와 44퍼센트가 높아졌습니다.

또 카레는 선수들이 출전했다가 패한 경기의 비디오도 보여줬는데 이번에는 테스토스테론 농도가 짙어지지 않았습니다. 승리를 거머쥔 경기가 의욕을 높이는 데 효과적이라는 사실을 알 수 있는 결과죠.

자신이 빛날 때의 사진을 보는 경험에서도 같은 효과를 기대할 수 있습니다. 우리는 '이때 정말 내가 빛났는데'라고 생각하면 당시 심리 상태와 비슷한 상태가 될 수 있습니다. 자랑스러운 기분을 느끼고 싶다면 자랑스러운 순간을 포착한 사진을 보고 그때의 기분을 떠올리면 된답니다.

> **기분이 침울해질 것 같으면**
> **즐거웠을 때의 사진을 보세요.**

27

힘든 생각도
그리 오래가지
않는다

우리의 감정은 시시각각 변하므로 한 가지 감정이 그리 오래 이어지지 않는답니다. 그런데 말이죠.

'이렇게 실패하다니 나는 왜 이리 멍청할까?'

'이 슬픔은 평생 계속될 거야.'

'이 억울함은 아마 절대 잊지 못할 거야.'

이렇게 마음대로 생각해버리는 일이 종종 있죠. 이런 모습을 심리학에서는 **지속 바이어스Durability bias**라고 부릅니다. 앞으로 계속될 것만 같은 슬픔과 억울함, 한심함도 대체로 빠르면 며칠 안에 사라집니다. 인간의 감정이란 그런 법이죠.

우리에게는
망각의 능력이 있다

◎

예를 들어 실연한 직후에는 '두 번 다시 누구를 좋아할
일은 없어'라고 생각합니다. 하지만 대체로 시간이 조
금 지나면 또다시 좋아하는 사람이 생기잖아요. 여러
분도 다들 경험하셨을 겁니다.

미국 버지니아대학의 티머시 윌슨은 열광적인 미식
축구 팬에게 '당신이 응원하는 팀이 지면 얼마 동안 침
울해질 것 같나요?'라고 물어봤습니다. 그러자 사람들
대부분이 '상당히 오래 침울할 것 같다'라고 대답했습
니다. 그런데 실제로 매일 경기가 끝난 뒤 감정을 기록
하게 했더니 대개 **3일 뒤에는 거의 원상 복귀**한다는
사실을 알 수 있었습니다.

응원하는 팀이 패배하면 무척 실망하죠. 하지만 그런
감정도 사흘이면 엷어집니다. 인간이란 존재는 부정적
인 감정을 그리 오래 품고 있질 못한답니다.

나쁜 감정을 지속시키려면
고행이 필요하다?

○

'와신상담'이란 고사성어를 아시나요? 자신의 원통함을 잊지 않기 위해, 복수심이 사라지지 않도록 일부러 고통스럽게 장작 위에 누워 자고 아주 쓴 동물의 간을 씹는다는 뜻입니다. 인간은 원통함을 잘 잊기 때문에 굳이 이런 고행을 하는 것이죠. 다시 말해, 인간은 부정적인 감정을 그리 오래 끌고 가지 못한다는 사실을 '와신상담'이라는 고사성어가 알려줍니다.

혹시 어떤 나쁜 일이 일어나더라도 그렇게 신경 쓰지 마시길. 어떤 감정도 개울물이 흐르듯 졸졸 흘러간답니다. 어차피 며칠만 지나면 나쁜 감정도 사라질 테니까 걱정할 필요가 없죠.

> 모든 감정을
> 졸졸 흘려보내세요.

28

'그렇게는
되고 싶지 않잖아!'라고
생각한다

자신이 실패하는 모습은 얼마든지 떠올릴 수 있는데
(머릿속에서 지우고 싶어도 그러지 못하는데), 긍정적인 것은
도무지 떠올리지 못하는 사람이 있습니다. 정말 괴로
운 일이 아닐 수 없습니다.

　하지만 부정적인 생각을 하는 게 결코 나쁜 것만은
아닙니다. 부정적인 사고를 잘 이용하면 유익한 에너
지원이 되니까요. 예를 들어 불안과 공포에 시달리는
사람, 일테면 대입 시험에 실패할 거라고 생각하는 사
람이 있다고 해봅시다. 즐겁게 캠퍼스를 누비는 자신
의 모습을 상상하고 싱긋 웃으며 공부하면 더 좋겠지
만, 그러기 힘들면 자신을 몰아붙이는 데 불안과 긴장
을 사용하자는 겁니다. '이대로 가면 내 인생은 다 소용
없어져. 정말 그래도 괜찮아? 싫으면 우는소리 그만하

고 공부하라고!' 동기부여를 높이는 데 불안의 에너지를 활용하는 겁니다.

머릿속에 한심한 자기 모습 같은 부정적인 이미지를 떠올리며 **'그렇게는 되고 싶지 않잖아!'라고 생각**하는 거죠. 부정적인 이미지로 오히려 불안의 수준을 높여 행동 에너지로 바꾸는 겁니다.

부정적인 사고도 이용하자

○

가난한 집안에서 성장한 사람이 큰 부자가 되는 성공담이 종종 들리죠. 가난한 집안에서 성장한 사람은 가난한 상태가 어떤 것인지, 구체적이고 선명한 이미지를 머릿속에 떠올릴 수 있습니다. 몸소 경험했으니까요. 그 이미지를 떠올리며 '이런 생활을 평생 계속하고 싶지 않으니까 다른 사람보다 두세 배 일해야 해!'라는 식으로 동기부여를 하게 됩니다. 그래서 쉬지 않고 노력하죠.

부정적인 이미지도, 잘 사용할 수 있답니다. 부정적인 사고 자체가 나쁜 건 아닙니다. 잘만 활용하면 되죠.

뉴욕 사우스나소커뮤니티 병원의 브루스 러빈은 9세부터 26세에 이를 때까지 계속 자신의 머리카락을 만지다 뽑아버리는 발모증으로 고민하는 남성에게 '두피에 피가 배고 고름이 나오는 혐오스러운 이미지'를 떠올리게 하여 발모증을 치료했습니다. 치료하기 전에는 일주일에 대략 42회나 자기 머리카락을 뽑았는데 혐오스러운 이미지를 떠올리게 하자 2주 뒤에는 9회까지 머리 뽑는 횟수가 급격히 줄어들었고, 그 후 6주가 지나자 거의 사라졌으며, 3개월 뒤와 반년 뒤에도 개선된 상태가 이어졌다고 합니다. 이렇게 혐오스럽고 부정적인 이미지를 활용하면 됩니다.

> 불안과 긴장도 잘만 사용하면
> 내 편이 된답니다.

29

기분을
나쁘게 하는 것에
다가가지 않는다

———

———

———

다양한 정보를 즉시 얻을 수 있는 시대지만, '기분이 안 좋아질 게 분명한 것'은 최대한 피해야 합니다. 이런 정보를 굳이 알 필요는 없죠. 무시하면 그만입니다. 모르면 신경 쓸 일도 없죠.

'온라인에 내 험담이 있지 않을까……?'라는 생각이 들면 절대 자기 이름을 검색하지 마세요. 다른 사람이 쓴 자기 험담을 읽고 나면 신경 쓰지 않는 게 더 어렵잖아요. 그러니까 아예 처음부터 접근하지 않는 선제적 행동이 필요합니다.

대학에선 학기 마지막 주가 다가오면 학생이 수업을 평가합니다. 학생들이 수강한 과목의 선생을 평가하는 거죠. 굳이 따지자면 학생이 선생에게 주는 성적표입니다. 열심히 학생을 지도한 선생은 되도록 학생에게 지식과 교양을 많이 주고 싶어 많은 과제를 내주고 보고서를 제출하게 합니다. 나중에 그들에게 도움이 되리라 생각하니까요. 하지만 '자식은 부모 마음을 모른다'라는 말도 있듯 학생을 열심히 지도하는 선생일수록 학생들에게 지독한 평가를 받기 마련이죠. 학생은 '어쨌든 편하고 싶어' 하는 마음이 있으니까요.

스스로
상처 주지 않아도 된다

특히 자유롭게 강의에 관한 감상을 쓰라고 하면 학생은 선생을 무자비하게 비판합니다. 익명이므로 인터넷 세계와 마찬가지로 마음먹은 대로 떠드는 거죠. 그 때문에 열심히 가르친 선생들이 정신적으로 위기에 내몰리는 일도 있습니다.

프랑스 프랑슈콩테대학의 렌조 비앙키는 5,575명의 학교 선생에게 연락해 학생의 평가가 미치는 영향을 조사했습니다. 그 결과 **학생의 비판에 민감한 선생일**

수록 쉽게 번아웃된다는 사실을 알아냈습니다.

'어차피 기분이 나빠지겠지'라고 여길 만한 일에는 다가가지 않는 게 기본 전략입니다. 제 경우, 학생의 수업 평가는 보지 않습니다. 컴퓨터로 수업 평가를 확인해야 하는데 무지막지한 속도로 화면을 넘겨 절대로 보지 않으려 합니다. 어차피 나쁜 말만 적혀 있을 테니까요(웃음). 사실은 확인도 하고 싶지 않아요. 하지만 학생의 의견을 보고 선생도 댓글을 달아야 해서 어쩔 수 없이 한번 훑어보기는 합니다. 물론 제가 다는 댓글 내용도 매년 '개선점을 알려주어 고마워요' 정도죠.

낙담할 게 분명한 일에 스스로 접근해선 안 됩니다. '군자는 위험한 곳에 다가가지 않는다'라는 말도 있잖아요? 기본적으로는 다가가지 않되, 꼭 다가가야 할 때도 최대한 심리적인 거리를 지키면 된답니다.

제멋대로 떠드는 인터넷 정보에
거리를 두세요.

30

'끙끙'
앓기보다
부탁해본다

———

———

———

끙끙 앓거나 우울해한다고 해서 현재 상황이 바뀌지는 않습니다. 현재 상황을 바꾸고 싶다면 **상황을 바꾸는 행동을 취해야 합니다.** 행동해야 상황이 바뀝니다.

'월급이 너무 적어. 내가 하는 일에 마땅하지 않아.'

이렇게 생각하고 끙끙대며 일하는 사람이 있다고 칩시다. 불만이 있으면 상사나 경영자에게 월급을 올려달라고 부탁해보는 선택지도 고려해야 합니다.

이가 아프면 치과에 갑니다. 이가 아픈데 꾹 참으며 '통증이 곧 없어지겠지' 하는 사람이 있다면, '얼른 의사에게 가면 될 텐데'라고 생각하지 않을까요? 연봉협상을 하지 않는 사람도 마찬가지입니다.

"회사와 연봉협상을
한 적 있나요?"

●

월급을 올려달라고 부탁하는 일은 전혀 이상한 요청이 아닙니다. 물론 회사에도 사정이 있을 테니까 반드시 성공한다는 보장은 없죠. 하지만 현재 상황을 바꾸고 싶다면 일단 해보는 겁니다.

미국 버지니아주에 있는 조지메이슨대학의 미셸 마크스는 다양한 업종에서 '현 회사에 고용된 지 3년 이내인 사람' 149명을 모았습니다. 막스가 그들에게 "회사와 연봉협상을 한 적 있나요?"라고 물었더니, "협상한 적 있다"라고 대답한 사람이 110명이었고, "한 적 없다"라고 대답한 사람은 39명이었습니다.

다음으로 "실제로 월급이 올랐나요?"라고 물었을 때 그렇다고 답한 사람은 모두 먼저 협상을 요청한 사람들이었습니다. 오른 연봉은 평균 4,913달러. 이 액수가 많은지 적은지는 사람에 따라 다르게 느끼겠죠. 하지만 어쨌든 월급을 올려달라고 부탁해야 월급이 올랐습니다.

협상하지 않은 사람 중에 월급이 오른 사람은 없었습니다. 부탁하지 않으면 상황은 전혀 변하지 않을 때가 많답니다. 마음속으로 끙끙 앓고만 있다면 부탁하거나 교섭할 것. 목소리를 내야 상대도 내 요구를 알 테니까요.

불만을 전할 때는
오히려 부드러운 목소리로

◎

배우자가 거실에 양말과 바지를 아무렇게나 벗어놓는 게 싫다면 "거실에서 양말을 벗어도 되는데, 아무렇게나 놓지 말고 세탁기 안에 넣어줘"라고 부탁해보세요. 배우자는 당신이 싫어할 행동을 일부러 하는 게 아니라 '집에 돌아오면 몸을 졸라매던 것들에서 바로 해방되고 싶어'라고 생각했을지도 모릅니다. 만약 당신이 부탁하면 다음부터는 세탁기까지 옷가지를 직접 가져다 놓겠죠. 그런데 부탁해보지도 않고 혼자 고민만 해서는 배우자의 행동이 달라지지 않습니다. 상대는 '아무 말도 하지 않는다'를 '불만이 없다'라고 받아들일 테니까요.

불만이 있다면 상대에게 말해도 됩니다. 최대한 부드럽게, 차분한 목소리로 부탁하세요. 아마도 불만의 대부분을 들어줄 겁니다.

'아무 말도 하지 않으니까 불만도 없다'라고
받아들이는 거랍니다.

31

부탁받는 것을
기뻐하자

____

____

____

"○○ 씨, 부탁 좀 할게. ○○ 씨밖에 없어."

"미안한데 이 부탁 좀 들어줄 수 있을까? 자네 아니면 안 되겠어."

다른 사람의 부탁을 받으면 귀찮다고 생각하는 사람도 있을 겁니다. 하지만 **다른 이의 부탁을 받는 것은 보답받을 일을 계속 쌓는 셈입니다.** 그게 정답이죠.

'뭐야, 나한테만 자꾸 부탁하고' 하며 부루퉁한 얼굴을 해선 안 됩니다. 관대한 마음으로 기꺼이 도와주세요. 곤란한 상황에 놓인 사람을 도와주면 당연히 그 사람의 신뢰를 얻게 될 겁니다.

그리고 **다른 이의 부탁을 받는 것은 아주 기분 좋은 일**이랍니다. 자신에게 아주 큰 이득이 되므로 부탁받지 않는 사람보다는 부탁받는 사람이 되기를 목표하는 게 좋습니다. 그러면 일상생활이 더 즐겁고 만족스러워집니다.

수입이 30퍼센트 늘어나는 것과
같은 만족도

◉

캐나다 브리티시컬럼비아대학의 존 헬리웰은 미국과 캐나다의 직장인을 대상으로 조사한 결과, 우리가 느끼는 **정신적인 행복은 돈이 아니라 직장 내 인간관계로 결정된다**는 사실을 밝혀냈습니다.

직장 내 인간관계만 원활하면 아주 행복한 기분으로 일상을 보낼 수 있다는 겁니다. 그리고 **다른 사람에게 부탁받는 일은 좋은 인간관계를 맺을 최고의 기회**입니다. 애써 찾아온 기회를 그냥 날리지 마세요. 부탁을 받으면 흔쾌히 들어주세요.

헬리웰에 따르면 상사나 동료의 부탁을 받느냐 아니냐는 매우 중요한 문제입니다. 직장에서 다른 사람의 신뢰도를 10점 만점을 기준으로 1점 올리는 일은(일테

면 5점인 사람이 6점이 되는 일) **수입이 30퍼센트나 늘어**
날 때 느끼는 만족도에 견줄 정도라고 합니다.

"○○ 씨, 고마워! 내가 늘 든든하게 생각하고 있어."
이런 말을 듣는 것은 수입이 30퍼센트 늘어난 것처럼
기쁜 일입니다. 자신의 행복이 그 무엇보다 중요하다
고 생각하지 않나요?

'인정을 베풀면 결국 내게 돌아온다'라는
말의 실천

○

'어차피 저 녀석은 내가 부탁해도 들어주지 않을 거야.'
'저 사람은 자기만 생각해.'
'저 사람은 다른 사람이 곤란할 때도 못 본 척하는
녀석이야.'

남들이 이런 식으로 여기는 사람의 신뢰도가 높아질
수는 없습니다. 그럼 당연히 기분 좋게 일할 수 없죠.

다른 사람의 부탁을 받았을 때는 '아이, 귀찮아……'
라고 생각하지 마세요. 곤란한 사람을 돕고 덕을 쌓아

두면 나중에 곤란할 때 도움을 받을 수 있으니까 미래
를 대비하는 보험이라고 생각하고 기꺼이 도와주세요.

부탁을 받으면
'미래를 대비하는 보험'이라고 생각하고 들어주세요.

32

아주 약간은
나르시시스트여도
괜찮다

———

———

———

정신적으로 건강한 사람은 나르시시스트인 면모를 조금씩 가지고 있답니다. 정도의 차이는 있겠으나 점점 자신을 좋아해도 괜찮습니다.

이렇게 생각하는 거죠.

'나, 괜찮은 사람 같아!'

이리 말하면 "나르시시스트라니, 남들에게 미움을 받지 않을까요?"라고 걱정하는 사람이 있을 겁니다. 하지만 그건 완벽히 오해니까 안심하세요. 살짝 나르시시스트가 되더라도 주위의 미움을 사지는 않습니다. 오히려 호감을 얻는 일이 많을 겁니다.

미국 캘리포니아주립대학의 셸리 타일러는 학력을 비롯한 21가지의 긍정적인 특성과, 허세 등을 비롯한 21가지의 부정적인 특성에 대해 피험자인 대학생에게

7점 만점을 기준으로 스스로를 평가하도록 했습니다. 1점이라면 동성의 다른 대학생에 비해 평균보다 훨씬 낮고, 7점이라면 평균보다 훨씬 높다고 보는 방식입니다. 다른 한편 타일러는 피험자의 친구와도 인터뷰해 피험자에 대한 평가를 요청했습니다.

그 결과 여러 특성에 대해 '나는 평균 이상'이라고 대답한 사람들, 즉 **나르시시스트인 사람이 친구들에게도 호감을 얻는 것**으로 밝혀졌습니다. 게다가 나르시시스트인 사람들은 적응력이 매우 강해 평소 건강하게 지낼 수 있다는 사실도 알아냈습니다.

'나르시시스트는 미움을 받는다'라는 생각은 오해입니다. 사실은 그 반대인 거죠.

'나는, 나의 이런 점이 좋아'라고 생각하자

〇

'나는, 나의 이런 점이 좋아'라고 생각한다고 해서 친구에게 미움받을 일은 없답니다. '나는 정말 한심한 인간

이라……' 하고 생각하며 자기를 낮게 평가하는 사람
이 오히려 삐뚤어진 성격일 가능성이 커, 친구의 미움
을 받기 쉽죠.

당신도 다른 사람의 눈을 의식하지 말고 좀 더 자신
을 좋아해보세요. 아무리 찾아봐도 자신감을 느낄 만
한 요인이 없다면 적어도 '나는 평균 이상이야'라고 생
각하는 습관을 들여보세요.

'나는 외모가 출중하진 않지만, 사랑스러운 얼굴이니
까 점수를 매기자면 평균 이상이지.'

이렇게 생각하는 겁니다. **다소 겸손한 나르시시스트**
를 목표로 해보시라는 겁니다. 이 정도라면 목표로 해
도 되지 않을까요?

평소 자신의 장점을
실컷 모아두세요.

찰흙 놀이로 기분 전환!

부드러운 흙을 마구 만지고 있으면 신기하게도 마음이 한결 풀어지는 듯합니다. 주말에는 동심으로 돌아가 찰흙 놀이를 해도 좋겠죠. 자녀가 있다면 같이 놀아보세요. 집에서 간단히 만들 수 있는 도기 세트 같은 상품은 쉽게 살 수 있답니다. 그런 세트를 사서 직접 흙을 만지면서 그릇이나 접시를 만들어보는 것도 좋습니다.

영국 플리머스대학의 재키 앤드레이드에 따르면 찰흙 놀이는 마음을 차분하게 하는 데 아주 효과적이어서, 트라우마가 있는 사람에게는 치료 효과도 있다고 합니다.

몰두해 흙을 반죽하다보면 머릿속이 텅 비면서 괜한 생각이 완전히 사라지죠. 시간 가는지 모를 정도로 찰흙 놀이에만 집중할 수도 있습니다. 아주 상쾌한 기분을 느낄 수 있을 겁니다. 제가 보증하죠.

아주 오래전 이야기인데, 마음의 병으로 정신병원 같은 시설에 들어간 환자들에게 충분한 치료가 이루어지지 않던 때가 있었습니다. 당시에는 어떻게 그들을 치료해야 할지 몰랐기 때문입니다. 사실 그들은 시설에 들어가도 할 일이 없었습니다. 그래서 "어차피 상황이 이렇다면 자기가 먹을 채소 정도는 스스로 길러 먹게 하자"라는 이야기가 나와 환자들에게 농사일을 시켰답니다.

그러자 놀라운 일이 벌어졌습니다. 마음이 차분해지면서 소동을 부리거나 큰 소리를 지르는 일이 없어진 겁니다. **무엇보다 흙을 일구고 만지는 과정에서 마음이 차분해졌음**이 점차 밝혀졌습니다.

이리하여 '**작업作業요법**'이라는 치료법이 확립되었습니다. 찰흙 놀이가 효과적인 것도 아무래도 작업요법 같은 효과를 내기 때문이겠죠. 좀 더 말하자면 찰흙 놀이뿐만 아니라 정원 가꾸기도 같은 효과를 기대할 수 있습니다. 배양토나 부엽토 등을 사서 섞은 뒤 화분에 넣는 행동도 역시 마음을 편안하게 해주죠.

'주말에는 특별히 아무것도 하지 않고 가만히 누워만 있어야지.'

이래서는 도무지 기분을 전환할 수 없답니다. 적극적으로 뭔가 하는 형태로 기분을 전환해야 마음이 한결 후련해집니다. 찰흙은 망가지거나 없어지는 일 없이 계속 가지고 놀 수 있으니까 '가성비' 측면에서도 매우 뛰어난 기분 전환 도구가 될 겁니다.

5장

'욱'과 '끙끙'을 날려버리는
비결

아는 것만으로도 차원이 달라진다

33

짜증을
잘 다스리는
방법

———

———

———

심리학에는 '**카타르시스 이론**'이란 게 있습니다. 대략 설명하자면, 마음속에 쌓인 답답한 것들을 발산해버리는 행동을 하면 후련해진다는 이론입니다.

답답한 것을 분출하면 후련해진다는 것은 '그럴 것도 같네'라고 쉽게 이해되는 부분입니다. 하지만 현실에서는 그리 잘되지 않죠.

미국 아이오와주립대학의 브래드 부시먼은 '물건을 치거나 때리면 후련해진다고 하는데 실제로 그럴까?'라는 의문을 품었습니다. 그리고 이를 확인하는 실험을 했습니다. 부시먼은 우선 '인상 형성 실험'이라고 속이고 성별로 각각 300명씩 총 600명을 모았습니다. 그리고 서로 모르는 사이인 동성의 두 사람이 한 팀을 이뤄 서로의 인상을 이야기하도록 했습니다. 다만 팀을 이룬 다른 한 사람은 모두 실험 협력자(가짜 실험자)였습니다. 그리고 가짜 실험자는 실험 참가자에게 아주 지독한 말만 해줬죠. 일면식도 없는 사람에게 지독한 말을 들었으니 당연히 화가 나겠죠. 실험이라 해도 너무 심한 일이니까요.

자, 이런 준비 작업을 끝낸 다음 부시먼은 실험 참가자들에게 권투장에서 사용하는 샌드백을 때리게 했습니다. 이때 대화를 나눈 가짜 실험자의 사진을 보여주거나, 그를 생각하면서 샌드백을 때리게 했죠.

분노를 쏟아내는 행위는
역효과?

○

그다음 분노의 강도와 후련한 정도를 측정해보니 카타르시스 이론처럼 분노가 발산되지 않았습니다. 부시먼은 대조군으로 샌드백을 때리게 하지 않고 아무것도 하지 않은 채 가만히 2분간 대기한다는 조건도 설정했습니다. 그러자 그쪽이 분노 강도가 훨씬 낮았습니다.

이 실험으로 알 수 있듯, 오히려 **아무것도 하지 않아야 분노가 잦아듭니다.** 분노를 발산하려고 행동이 커질수록 더 화가 나면서 역효과를 불러옵니다. 짜증이 난다고 해서 물건을 던지거나 의자를 차거나 벽을 치는 행위는 하지 않는 게 좋습니다. 괜히 화만 더 날 뿐이니까요. '젠장! 맘에 안 드는 것투성이야!'라고 생각해 벽을 쳐도 손만 아플 뿐입니다. 게다가 손이 아프니 당연히 화가 더 나겠죠.

그저 마음을 가라앉히고 2분 정도만 조용히 있으면 화는 가라앉습니다. 분노를 발산하려고 요란을 떨면 오히려 분노의 불꽃에 기름을 붓는 것이나 다름없으니 조심하셔야 합니다.

2분간 가만히 입을 다물고 있으면
화가 '쏙' 가라앉아요.

34

퀴즈를
좋아하는 사람은
차분해지기
어렵다?

———

———

———

아주 사소한 일에도 끙끙대며 항상 마음을 앓는 사람은 **퀴즈 책을 늘 옆에 두면 좋습니다.**

'아, 난 왜 이렇게 멍청할까?'

'내 선택은 정말 옳을까……. 걱정이네.'

'그 사람에게 연락이 안 오네. 내가 잘못한 거라도 있나?'

이렇게 걱정이 계속 된다면 퀴즈에 도전해보세요. 한 번에 하나밖에 생각할 수 없답니다. 퀴즈를 풀다보면 거기에 의식이 집중되어 걱정거리를 잊게 되죠.

'퀴즈를 풀지 못하면 오히려 조바심이 날 것 같아'라고 생각한다면 다른 것도 괜찮습니다. 수학을 좋아하는 사람은 스도쿠를 해도 됩니다. 스도쿠 책을 늘 챙겨 다니면서 언제든 시작하세요. 인터넷에는 무료 퀴즈도 많답니다. 이런 걸 풀어도 괜찮을 겁니다. 낱말 맞히기를 좋아하면 그것도 좋아요.

미국 컬럼비아대학의 에이던 크로스는 141명의 대학생에게 '가장 슬픈 추억'을 주제로 수필을 쓰도록 했습니다. 수필을 쓰게 한 목적은 그들을 슬프게 하기 위해서였습니다. 실험에 참여한 학생들이 모두 슬픔에 빠지자 이어서 그 감정을 줄이는 방법이 얼마나 효과적인지를 검증했습니다. 그들의 의식을 다른 데로 돌리려고 "연필심은 무엇으로 이루어졌나요?" 혹은 "스코틀랜드와 아일랜드 중 어느 나라가 더 북쪽에 있을까요?" 같은 퀴즈를 내고 대답하게 했습니다. 그리고 슬픔과 우울의 강도를 측정하자 퀴즈를 푼 다음에는 확실히 그 강도가 낮아진 사실을 확인했습니다.

잡념을 차단하는
좋은 방법

◉

'슬픈 일은 떠올리지 말자'라고 다짐해봤자 소용이 없죠.

'떠올리지 말자'라고 생각하면 할수록 그것만 생각나는 법이니까요. 명상을 해봤다면 알 겁니다. '마음을 비워야지'라고 생각하면 오히려 잡념만 머릿속에 떠오르고 말죠. 무언가를 생각하지 않는 것은 정말 어려운 일이랍니다.

반면 다른 생각을 하는 것은 그리 어렵지 않습니다. 퀴즈처럼 '머리를 쓰지 않더라도 가볍게 풀 수 있는 문제'에 몰두하는 것은 괜한 생각을 하지 않기 위한, 아주 좋은 방법입니다. 일단 다른 생각을 하면, 적어도 문제를 풀려고 애쓰는 시간 동안에라도 괜한 생각이 머릿속에서 말끔히 사라집니다.

일단 다른 생각을 하며
걱정거리와 거리를 두세요.

35

나쁜 기억은
뚜껑을 덮은 채
그대로 둔다

———

———

———

아무리 작은 구내염이라도 일단 생기면 한동안 욱신욱신 아프죠. 특히 밥 먹을 때마다 아파서 아주 불쾌해집니다. 작은 가시가 손가락 끝에 박혀도 마찬가지여서 핀셋으로 가시를 뽑아내도 한동안 통증이 계속됩니다. 하지만 만성질환이 아닌 이상, 신체의 통증은 그리 오래 이어지지 않습니다. 고통도 그때뿐입니다.

하지만 마음의 고통은 다릅니다. 아무리 시간이 흘러도 그때의 아픔이 아주 선명하게 떠오르죠.

마음의 고통을
굳이 반추하지 않는다

○

미국 퍼듀대학의 장천은 과거 5년 안에 일어난 신체적 고통(자전거에서 떨어져 입은 골절 등)과 심리적 고통(인사했는데 무시를 당함 등)을 조사하고 각각의 고통 강도를 점수화했습니다.

신체적 고통과 심리적 고통을 똑같이 놓고 비교할 수는 없겠으나 고통의 강도는 **심리적 고통이 압도적으로 높다**는 사실을 알 수 있었습니다. 신체적 고통은 통증이 사라지면 자연스럽게 잊히므로 아무리 고통의 강도를 떠올리려고 해도 그리 강렬하지 않습니다. 그래서 낮은 점수밖에 줄 수 없겠죠. 그런데 심리적 고통은 생각을 하면 당시 느낀 고통이 선명하게 떠오릅니다. 그래서 5년이 지나도 당시와 같은 정도의 고통을 느낄 때가 있는 겁니다.

'악취를 풍기는 것은 뚜껑으로 막아야 한다.'

심리적 고통에는 이와 같은 대책을 세울 수밖에 없습니다. **즉 떠올리지 않는 게 최선이죠.**

만약 머리에 떠오르면 얼른 다른 생각을 하세요. 일단 떠올리면 당시의 고통이 그대로 되살아나니까 점점 고통스러워질 뿐입니다. 최대한 생각하지 않도록 자신의 기억 위로 뚜껑을 닫고 그대로 수십 년쯤 내버려두세요.

한심한 기분을
수없이 곱씹지 마세요.

36

마음의 회복이
빠른 사람,
느린 사람

———

———

———

다른 사람에게 고민을 털어놓으면 후련해진다고들 합니다. 친구에게 고민을 털어놓고 편안해진 적도 있을 겁니다. 상담사나 치료사에게 고민을 터놓고 치료를 받기도 하죠. 하지만 **고민을 다른 사람에게 너무 쉽게 말하지 않는 게 좋다**는 사실도 최근 연구로 밝혀졌습니다.

바로 이전 글에서 "안 좋았던 일은 최대한 생각하지 않도록 자신의 기억 위로 뚜껑을 닫고 그대로 내버려 두는 편이 좋다"고 조언했습니다. '친구에게 고민을 털어놓는다'라는 것은 결국 고민을 떠올리는 일이죠. 친구 다섯 명에게 각각 고민을 이야기하려면 다섯 번이나 떠올려야 합니다. 그리고 그때마다 **안 좋은 감정을 곱씹게 됩니다.** 이러면 기억이 더욱 선명해지니 잊기 어렵습니다.

　다른 사람에게 고민을 이야기하면 후련해질 듯하죠. 하지만 아무 일 없었다는 듯, 자신의 기억을 완전히 봉인한 채 아무에게도 말하지 않고 그냥 둘 때 오히려 마음을 빠르게 회복할 수 있습니다.

고통을 다시 끌어내기 쉬운
의외의 행동

◉

뉴욕주립대학의 마크 시어리는 2001년 9월 11일, 전 세계를 전율케 한 미국 동시다발 테러 사건 뒤에 미국 국민을 표본으로 2년에 걸쳐 트라우마를 연구했습니다. 그 결과, 자신의 트라우마를 다른 사람에게 말하지 않은 사람이 2년이라는 시간이 흐른 뒤에 트라우마의 영향을 덜 받는 것으로 밝혀졌습니다.

　"당신은 자신의 고민을 다른 사람에게 이야기합니까?"라는 질문에 대해 '말한다'라고 답한 사람은 좀처럼 트라우마에서 벗어나지 못하였습니다. 다른 이에게 고민을 털어놓으려고 하면 할수록 고민은 길게 꼬리를 남기는 경향이 있다는 사실을 시어리는 밝혀냈습니다.

물론 정말 비명을 지를 듯 괴로워 다른 이에게 말하지 않으면 안 될 것 같은 마음이라면 지체하지 말고 누군가에게 상담받는 게 좋습니다. 하지만 **강도가 그리 크지 않을 때는 기억에 묻은 채 아무에게도 말하지 않고 그대로 두는 방법도 있음을 기억해두세요.**

아무에게도 말하지 않은 채
그대로 두어야 좋을 때도 있어요.

37

역경을
뜻깊은 경험으로 바꾸는
힌트

———

———

———

'젊어 고생은 사서도 한다'라는 말이 있습니다. 젊었을 때는 돈을 내고서라도 고생을 해보는 편이 낫다는 뜻이죠. 이거, 생각해보면 참 이상한 말입니다. 왜 굳이 돈까지 내면서 안 좋은 경험을 해야 할까요. 너무나 비상식적입니다.

하지만 이는 속담을 표면적으로만 받아들였을 때의 발상입니다. 진짜 의미는 조금 다릅니다. 인간은 역경 속에서만 자신을 갈고닦을 수 있다고 해야 할까요. 역경이 있어야 벗어나기 위한 노력이나 연구에 매진한답니다. 안전한 상태에서는 굳이 자신을 갈고닦으려 하지 않죠. 아무것도 하지 않아도 잘 살 수 있으니까요.

'젊었을 때 역경에 계속 뛰어들어 자신을 갈고닦는다.'

'젊어 고생은 사서도 한다'라는 말은 이런 뜻입니다. 젊었을 때 고생해 철저하게 자신을 갈고닦으면 미래에 반드시 도움이 된다는 뜻깊은 가르침입니다.

못마땅한 시선을 받아도 성장할 수 있는 사람

●

우리의 고민에도 비슷하게 적용해 말할 수 있습니다. 자신을 못마땅하게 보는 시선을 마주하는 일은 누구나 싫겠죠. 하지만 가령 트라우마가 될 듯한 상황에 휘말리더라도 결코 나쁜 일만 있는 것은 아니라는 겁니다.

심리학에는 '**포스트 트라우마틱 그로스Post-Traumatic Growth**'라는 용어가 있습니다. '**트라우마 경험 뒤 성장**'이라는 뜻입니다. 마음에 심각한 타격을 줄 법한 경험을 하면 꼭 인생이 엉망이 되느냐 하면, 그렇지 않습니다. 오히려 트라우마를 얻은 뒤 성장할 수도 있다는 겁니다.

미국 노스캐롤라이나대학의 리처드 테데스키는 '포스트 트라우마틱 그로스'에 대한 논문들을 다시 종합적으로 분석했습니다. 그리고 트라우마를 느낀 것은 확실히 불행한 일이었다고 해도 이후 여러 유익한 경험이 잇따른다는 사실을 밝혀냈습니다.

테데스키에 따르면 트라우마를 경험하면 다음과 같은 변화가 잇따른다고 합니다.

- 인생의 의미를 강하게 느끼게 되었다.
- 그저 살아가는 것만으로도 충분히 행복하다고 느끼게 되었다.
- 인간관계의 소중함을 진심으로 믿게 되었다.
- 내가 정말 하고 싶은 일을 깨닫고 인생의 우선순위를 알게 되었다.
- 인생의 풍요로움을 느끼게 되었다.

심리적으로 큰 타격을 받는 것은 그야말로 고통스러운 일입니다. 하지만 완전히 나쁘기만 한 경험은 아닐 겁니다. 그 경험을 **새로운 나로 다시 살 수 있는 계기**

로 만든다면 우리 인생에서 그 경험의 의미가 달라지
지 않을까 생각합니다.

고통스러웠던 경험이
인생의 풍요로움을 깨닫는 기회가 될 수 있습니다.

38

수다는
마음을 위로하는
시간

———
———
———

애써 파티에 참석했는데 아무도 내게 말을 걸어오지 않아 지루한 시간을 보낸다면 침울해질 수밖에 없습니다. 미팅에 나갔는데 사람들이 다른 사람에게만 호감을 표하고 내게는 전혀 관심을 보이지 않을 때도 역시 기분이 가라앉죠.

이럴 때는 일단 누구라도 좋으니까 한두 마디 건네보세요. 지나가는 사람에게 느닷없이 말을 걸면 이상한 사람으로 보일 테니 역무원이나 편의점 직원 등이 적합합니다. 불특정 다수의 고객을 대하는 이들로서는 낯선 사람이 말을 걸어도 이상하게 여기진 않을 테니까요.

가벼운 수다만으로도
기분이 후련

🔵

'왠지 기분이 답답해'라는 생각이 들 때는 살 게 없더라도 편의점에 가세요. 가능하다면 손님이 없는 가게가 좋겠죠. 붐비는 가게보다 한갓진 가게가 직원도 한가할 테니 흔쾌히 응해줄 겁니다.

대화 내용은 무엇이든 상관없습니다.

"여름철 어묵은 어쩐지 이상한 것 같아요."

"조금 전에 편의점 강도 뉴스를 봤는데 심야 아르바이트, 무섭지 않나요?"

이런 세상 이야기를 잠시 하는 겁니다.

인간이란 신기하게도 "내일, 비가 올까요?"라는 질문을 설사 낯선 사람에게 받더라도 "글쎄요, 잘 모르겠네요. 저는 늘 접이 우산을 가지고 다녀서 괜찮지만"이라고 대답해주지, 완전히 무시하는 일은 잘 없답니다. 그러니 안심하고 말을 걸어보세요. 신기하게도 마음의 불안이 싹 걷힌답니다. 상대가 친구가 아니더라도 '누군가와 잠깐 수다를 떨었다'라는 사실만으로도 만족스러워진답니다.

미국 캘리포니아주립대학 엘리세바 그로스는 그룹 작업을 하는 실험에서 가짜 실험자들이 실험 참가자를 따돌려 완전히 의기소침하게 만든 후 12분간 컴퓨터를 통해 모르는 사람과 수다를 떨게 했습니다. 처음 그룹 작업에서 따돌림을 당한 사람은 당연히 화가 나고 자존감이 떨어졌는데 그 뒤 모르는 사람일지라도 함께 수다를 떨고 나면 감정이 원래의 깨끗한 상태로 돌아온다는 사실을 밝혀냈습니다. 상대를 알든지 모르든지 **잠깐이라도 대화를 나누면 대체로 기분이 좋아진다**는 겁니다.

지하철에서 우연히 옆에 앉은 사람에게라도, 길에서 지나치는 사람에게라도, 선술집에서 어쩌다가 옆자리에 앉은 사람에게라도, 잠시 말을 걸어 가벼운 수다를 떠는 것만으로도 기분이 확 풀릴 겁니다.

> **감정을 깨끗하게 하는 방법은**
> **의외로 어렵지 않아요.**

8초만 주의를 돌리자

주의를 조금만 돌리면 격렬하던 욕구도 상당히 약해질 때가 있습니다. 아주 짧은 시간이어도 좋으니 일단 주의를 다른 데로 돌리는 게 핵심입니다.

한 연구에 따르면 주의를 돌리는 시간은 8초면 충분하다고 합니다. '너무 짧지 않나?'라고 생각할지도 모르겠습니다만 8초만 주의를 돌릴 수 있다면 한껏 부푼 욕구가 완전히 사라지진 않더라도 스스로 조절할 수 있을 정도로 약해집니다.

너무 화가 나 누군가를 때리고 싶다고 가정해보죠. 이럴 때 바로 다른 생각을 하면 됩니다. 손목시계의 초침이 움직이는 것을 8초 동안만 바라보거나, 신호등이 언제 초록불로 변하는지를 알려주는 표식으로 시선을 돌리거나, 바텐더가 흔드는 셰이커의 움직임에 주목하거나. 일단 뭐든 상관없으니까 그저 8초 동안만 멍하니 응시하면 초조함도 훨씬 줄어들 겁니다.

오스트레일리아 플린더스대학의 에바 켐프스는 다이어트를 원하는 사람에게 우선 2주 동안 뭔가 먹고 싶은 게 있을 때마다 종이에 적도록 했습니다. 언제 얼마나 먹고 싶은지, 빈도와 강도를 측정했습니다. 이어진 2주 동안은 실험적인 방법을 시도했습니다. '너무 먹고 싶어 참을 수 없어지면 미리 준 작은 휴대형 기계의 버튼을 누른다.' 이게 다입니다. 이 기계는 버튼을 누르면 시시각각 다양한 모양이 8초 동안 빛납니다. 참가자의 주의를 돌리기 위해 준비한 소도구입니다. 불과 8초 동안이지만 시시각각 점멸하는 모양을 보면 식욕이 급격히 줄었습니다. 욕구의 강도를 무려 23퍼센트나 낮출 수 있었습니다. 일테면 먹고 싶은 마음이 100퍼센트였다면 77퍼센트로 줄어든다는 소리입니다. 또 먹은 양의 기록을 조사하니, 처음 2주와 비교해 전체적으로 39퍼센트나 줄었습니다. 주의를 돌리는 소도구 작전이 대성공을 거둔 겁니다.

식욕에 관한 실험이지만 다른 욕구에도 유효할 겁니다.

금연 중이라면 담배를 피우고 싶을 때도 8초 동안만 주의를 딴 데로 돌리세요. 지루한 사람 앞에서 당장 떠나고 싶을 때도 8초만 다른 생각을 하세요. 그럼 마음속에 잔뜩 부풀어올랐던 욕구가 아주 약해질 테니까요.

'8초가 지나도 욕구가 약해지지 않으면 어쩌지?' 이렇게 생각하는 분이 있을지도 모르겠네요. 그럼 8초를 더 해보세요. 그래도 안 되면 8초를 더(웃음). 이러다 보면 욕구가 상당히 약해질 텐데요. 어떤가요?

6장

자신의 감정을
어디로 향하게 할 것인가?

깨닫는 순간, 마음이 풀어진다

39

'귀찮아'라는 생각에
지지 않는 비결

———

———

———

몸을 움직이면 마음이 차분해지기도 하고 가뿐해지기도 합니다. 스트레스를 해소하고 강하면서도 부드러운 마음을 유지하기 위해서라도 운동을 습관화하는 게 좋습니다. 이 정도는 누구나 다 알 겁니다.

하지만 좀처럼 운동 습관을 들이지 못하는 사람이 많습니다. '운동해야지'라는 마음이 들어도 '귀찮아'라는 생각에 지기 때문입니다. 그러니 몸을 움직이면 마음이 편해지는 효과가 있음을 알아도 좀처럼 운동 습관을 들일 수 없는 겁니다. 저도 매사 귀찮아하는 성격이라 이런 마음을 너무나 잘 압니다.

이렇게 하면 어떨까요? 다른 사람에게 "나는 매일 운동해"라고 말하기 부끄러울 정도로 '아주 느슨한 운동'

을 하는 겁니다. 목표를 지극히 낮춰 '뭐야? 이래도 정말 괜찮아?'라는 정도의 **아주 쉬운 목표를 세우는 겁니다.**

일테면 저는 거의 매일 달리기를 하는데 대체로 2킬로미터를 달립니다. 조깅이라고 부를 수 없을 만큼 짧은 거리입니다. 10분 정도 걸립니다. 더 달리면 피곤해지니까 달리지 않습니다. 2킬로미터도 힘들 것 같으면 1킬로미터도 괜찮습니다. 7백 미터여도 되고요. 어쨌든 **아주 쉬운 목표를 세우고 적당히 하는 게 핵심입니다.** 참고로 이 방법은 운동에만 국한되는 게 아닙니다. 습관이 되길 바라는 모든 일에 응용할 수 있습니다.

쉬운 목표가
오래 이어진다

◉

미국 사우스캐롤라이나대학의 피터 킬먼은 마약 중독자 시설에 입소한 84명에게 '**마라톤 그룹 세러피**'를 실시했습니다(저는 마라톤 그룹 세러피라는 단어를 몰랐는데 마라톤으로 마음을 강인하게 만드는 게 아닐까 하고 상상했습니다).

킬먼은 실험 참가자들을 두 그룹으로 나눴습니다. 하나는 매번 몇 킬로미터를 달릴지 목표를 분명하게 하고 시간도 측정하고 일정 관리도 꼼꼼하게 하는 그룹, 다른 하나는 일정도 목표도 정해두지 않고 그저 달리고 싶은 만큼 달리는, 느슨하게 관리하는 그룹입니다. 세러피를 끝내고 불안감을 조사하니, 느슨하게 훈련한 그룹의 불안감이 크게 줄었음을 알 수 있었습니다.

일정을 빡빡하게 정해놓으면 왠지 달리는 것도 귀찮아집니다. 강요당하는 느낌도 커집니다.

"본인이 원하는 만큼만 달리면 돼."

"오래 달리고 싶지 않으면 바로 그만두고 집으로 돌아오면 돼요."

이런 말을 들으면 마음이 편합니다. 정말 순수하게 달리기를 즐길 수가 있죠.

몸을 움직일 때 '꼭 해야 한다'라고 생각하면 의욕이 생기지 않습니다. 아주 작은 시작이라도 상관없어요. 목

표를 아주 낮게 잡고 무리가 없는 지점에서 시작해보
세요.

'강요당하는 느낌'을 없애면
긍정적으로 즐기며 할 수 있어요.

40

기분이
좋아지는 지점을
만든다

스포츠 세계선수권대회나 올림픽 대회에 참가한 선수들이 몸을 풀면서 귀에 헤드폰을 끼고 음악을 듣는 모습을 자주 볼 수 있습니다. 이들이 하나같이 음악을 듣는 이유는 **자신이 제일 좋아하는 음악을 들으면 단숨에 기분을 끌어올릴 수 있기 때문입니다.**

의욕이 생기지 않을 때도, 기분이 가라앉을 때도 '이 노래를 들으면 나는 바로 부활해. 순식간에 기분이 최고가 되지'라고 할 만한 노래를 찾아보면 좋은 방법이 될 수 있습니다.

음악이라는 소도구로
에너지 충전!

◐

영국 킹스턴대학의 레이철 핼릿은 달리기를 하기 전에
동기부여를 돕는 노래를 듣게 하는 조건과 전혀 음악
을 듣지 않는 조건으로 각각 설정한 두 개의 그룹에서,
6개월에 걸쳐 운동 시간과 횟수를 기록하게 했습니다.
음악은 어떤 장르라도 상관없이 자신이 좋아하는 것을
스스로 선택하게 했습니다. 그 결과는 다음과 같습니다.

	음악을 듣는다	아무것도 하지 않는다
주당 운동 시간	282.02분	220.31분
주당 운동 횟수	4.76일	3.57일

출전: Hallet, R., et al.

좋아하는 음악을 들으면 의욕이 생겨 운동량을 더
늘릴 수 있음을 이 데이터로 알 수 있습니다.

누구나 기분이 좋지 않은 날, 의욕이 생기지 않아 어
쩌지 못하는 날이 있죠. 사람이니까요. 그러나 음악이

라는 소도구의 힘을 빌리면 긍정적으로 행동할 힘이 생깁니다.

만약 프로 선수가 경기 때마다 힘이 날 때도 있고 없을 때도 있다면 말이 안 되겠죠. 일정하게 최고의 퍼포먼스를 끌어낼 수 있도록 '이 노래를 들으면 단숨에 나는 최고가 된다'라고 생각하게 하는 플레이리스트를 만들어두는 겁니다.

여러분도 꼭, 좋아하는 노래의 힘을 빌려 언제든 최고의 컨디션을 만들어보세요.

**기분이 가라앉을 때는
제일 좋아하는 곡을 틀어보세요.**

41

'한 방울에
두 번 맛있는
추억'이란?

최고의 기분을 맛볼 때는 언제일까요? 바로 **'다른 사람과 유대감을 느낄 때'**입니다.

일에서 계약을 따냈을 때나 해외여행 복권에 당첨되었을 때도 기쁘겠죠. 하지만 우리가 가장 즐거운 추억으로 떠올리는 것은, 역시 허물없는 친구나 가족과 여행을 함께하거나 같이 밥을 먹으며 수다를 떨었던 순간이 아닐까요?

미국 시카고대학의 프레드 브라이언트에 따르면 '당신에게 가장 기분이 좋았던 추억은?'이라는 물음에 '누군가와의 즐거운 추억'이라고 답한 사람이 압도적으로 많았습니다. 50퍼센트의 사람이 '최고의 추억'으로 인간관계와 관련된 일을 꼽았습니다.

이 사실 자체는 그리 놀라운 일은 아닌데 브라이언

트는 한 걸음 더 나아가 '그 추억을 떠올리면 어떤 마음이냐?'라고 물었습니다. 그러자 19퍼센트는 '바로 긍정적인 기분이 된다'라고 대답했습니다. 떠올리기만 해도 즐거워진다는 것이죠. **인간관계에서의 즐거운 기억은 '한 방울에 두 번 맛있는 일'**인 셈입니다. 한 번 즐거운 일이 있었고 그것을 떠올리면 또 기분이 좋아지니까요.

또 브라이언트가 조사한 결과에 따르면 80퍼센트의 사람들은 '즐거운 추억을 잊지 않으려고 한다'라는 점도 알 수 있었습니다. 침울해지거나 쓸쓸하다고 느낄 때 최고의 추억을 바로 떠올리기 위해 머릿속 기억에 잘 저장해둔다는 것이지요.

사랑하는 사람의 사진을 마구 찍어둔다

◉

다 같이 노래방에 가서 신나게 놀 때는 일단 사진이나 동영상을 마구 찍어 저장해두세요. 그런 데이터를 남겨두면 나중에 보고 수없이 즐거울 수 있답니다.

연인과 축제에 갈 때도 기록을 많이 남겨두세요. 축제에서 즐거워하는 연인의 모습은 그리 자주 볼 수 있지 않으니까요. 사진이 남아 있으면 축제가 끝난 뒤에도 그 모습을 즐길 수 있죠.

아이를 막 낳은 부부는 아이의 사진을 많이 찍는 경향이 있는데, 이것도 심리적으로 좋은 일입니다. 수십 년쯤 지나 나이를 먹은 뒤에도, 아이 사진을 들여다볼 때마다 당시의 행복한 기억이 되살아나 즐거운 기분이 될 테니까요.

신나고 즐거운 순간을
기록으로 남겨두세요.

42

'아주 행복하다'라는
느낌으로
사는 습관

———

———

———

<u>**신체적인 스킨십**</u>은 마음을 위로해줍니다. 우리가 아직 아기였을 때 어머니 품에 안겨서 느끼던 안도감을 떠올리기 때문일까요.

원숭이도 종종 서로 털을 골라줍니다. 원숭이에게 털 고르기는 털을 청결하게 하기보다는 서로의 긴장을 줄여 편안함을 느끼게 하는 행위로 알려져 있습니다.

영국 케임브리지대학의 에릭 케번은 원숭이들이 털 고르기를 할 때 베타-엔도르핀 농도가 어떻게 변하는지를 측정했습니다. 털 고르기를 하기 전에는 농도가 17퍼센트였는데 털 고르기를 한 후에는 무려 186퍼센트로 증가함을 알아냈습니다.

베타-엔도르핀이란 뇌 안에서 작용하는 신경전달물질의 일종입니다. 많이 분비되면 진통 효과와 행복감

등을 얻을 수 있어서 뇌 속 마약이라고 불린답니다. 털 고르기로 베타-엔도르핀 농도가 높아진다는 것은 원숭이들이 매우 편안한 상태가 됨을 뜻합니다.

인간도 마찬가지여서 연인끼리 알콩달콩한 상황에 있으면 뇌에서 베타-엔도르핀이 많이 분비되어 행복해집니다. 친밀한 관계에서 이뤄지는 스킨십이 행복감을 만듭니다.

친밀한 사람과의 스킨십이 늘어날수록
마음도 홀가분해집니다.

43

자연이
풍부한 장소에서
심호흡한다

———

———

———

도시에는 크기도 비주얼도 엄청난 광고판처럼 우리 주의를 끄는 자극이 넘쳐납니다. 본인은 별로 신경 쓰지 않는다고 생각할지 모르지만, 이런 것들이 시야에 들어오면 아무래도 신경이 날카로워집니다. 수많은 자극이 눈을 통해 들어올 때마다 뇌가 활성화되면 아무리 마음 편히 쉬려고 해도 무리입니다.

그럼 어떻게 할까요? 18세기 프랑스의 사상가 장 자크 루소는 아니지만 **"자연으로 돌아가라!"**고 조언하고 싶습니다. 녹음이 우거지고 물소리가 졸졸 들려오는 장소가 가장 좋습니다. 공원도 괜찮고 강변 길도 괜찮습니다. 자연이 풍부해 '아! 여기라면 아주 고즈넉하네'라고 느낄 수 있는 장소를 근처에 찾아두세요. 그곳이 여러분에게 **마음 편히 쉴 수 있는 장소**이자 **일상의**

긴급 피난처가 될 겁니다. 5분이든 10분이든 풍부한 자연 속에서 가볍게 걸으면 하찮은 일 같은 건 다 잊게 됩니다.

관상식물을 바라보는 것만으로도
한숨 돌릴 수 있다

◉

미국 미시건대학의 버크 버먼은 실험 참가자에게 일련의 숫자를 듣고 그것을 거꾸로 이야기하는, 정신적으로 매우 피곤한 작업을 시켰습니다. 일테면 '5-4-7-2'라고 들으면 '2-7-4-5'라고 대답해야 하는 겁니다. 아주 신경을 많이 써야 하는 작업이죠. 이런 작업을 35분간, 총 144회나 수행하면 대부분 완전히 녹초가 됩니다.

완전히 녹초가 된 시점에서 버먼은 실험 참가자를 걷게 했습니다. 걷는 장소가 관건인데 반은 자연이 풍부한 공원을, 나머지 반은 번쩍번쩍 자극이 넘치는 도심을 걷게 했습니다. 거리에서 차이가 나면 비교 결과가 정확하지 않으니 걷는 거리는 둘 다 약 4.5킬로미터로 통일했죠.

자, 다 걸은 다음에 또다시 같은 작업을 시켰는데 자연이 풍부한 공원을 걷고 온 사람들은 주의력을 회복했습니다. 처음 작업과 비슷하게 작업을 수행했죠. 그런데 도심을 걷고 온 사람들은 작업량이 눈에 띄게 떨어졌습니다. 걷기에 집중력과 주의력을 회복시키는 효과가 있다 해도 도심이라면 효과가 크게 떨어진다는 겁니다.

'밖에서 걷기는 겨울에는 춥고 여름에는 더워서 싫어'라고 생각하는 사람은 **관상식물을 바라보는 것**만으로도 효과를 볼 수 있습니다.

오스트리아 빈대학의 레나테 체르빈카는 〈자연 애호가일수록 행복하다〉라는 논문을 발표했습니다. 체르빈카는 표본을 바꾸면서 5번이나 조사했는데 모든 조사에서 **자연을 좋아하는 사람일수록 신체적으로도 건강했다**고 합니다.

자연 속을 걷기만 해도
마음의 피로를 싹 씻어낼 수 있어요.

44

'나만 괜찮으면 된다'라는
생각에서 벗어나자

———

———

———

지역 공동체의 쓰레기 줍기 등 자원봉사에 적극적으로 참여해보세요. 쇼핑하러 나갔다가도 헌혈 차가 보이면 되도록 참여하길 권합니다. **어떤 보상도 바라지 않고 자원봉사 활동을 하는 것**은 아주 기분 좋은 일이랍니다.

타산적인 생각만 하다보면 왠지 마음이 삭막해지지 않나요? '손해 보고 싶지 않아' '나만 괜찮으면 돼'라는 생각에서 한발 나아가 보상이 없는 자원봉사를 해보면 말로 표현할 수 없는 뿌듯함을 느낄 수 있습니다.

미국 테네시주에 있는 밴더빌트대학의 페기 소이츠는 시민 2,681명을 대상으로 3년에 걸쳐 2회의 조사를 실시했습니다. 조사 내용은 '과거 12개월 동안의 자원봉사 활동'을 묻는 것이었습니다. 자원봉사는 어떤 종류든 상관없었죠. 학교에서, 교회에서, 병원에서, 직장에서 이루어진 자원봉사에 얼마나 참여했는지를 물었습니다. 나아가 소이츠는 행복감, 만족감, 자존감, 인생을 스스로 조절할 수 있다는 신념, 우울 정도, 신체적인 건강이라는 6가지 지표도 조사했습니다. 놀랍게도 자원봉사 활동에 적극적으로 참여한 사람은 이들 6가지 지표 모두에서 좋은 결과를 보였습니다. 1~2개가 아니라 6가지 모두에서 말입니다.

'나는 정말 행복하구나!'
'충분히 만족할 수 있는 인생이구나.'
'나는 좋은 사람이구나.'
'내 인생은 스스로 개척할 수 있겠어.'
자원봉사를 하면 이런 생각을 얻을 수 있습니다. 어두운 생각을 하지 않게 되고 **좋은 쪽으로 향하는 결과**를 얻습니다.

편의점 모금함에
잔돈을 넣기만 해도 충분하다

○

자원봉사 활동이라고 해서 거창하게 생각할 필요는 없습니다. 조금 일찍 일어나 집 앞을 청소하다가 이웃집 앞까지 치우는 행동도 훌륭한 자원봉사입니다. 회사에서 살짝 더러워진 곳을 쓱쓱 닦는 것도 멋진 봉사죠. 돈이 얽힐 일이 없고 어떤 대가도 바라지 않는다면 무엇이든 자원봉사입니다. 요즘 편의점과 슈퍼마켓 계산대 가까이에 모금함이 자주 보이죠. 거기에 잔돈을 넣는 것도 자원봉사입니다. 이런 행동을 하면 행복한 기분이 생깁니다. **'다른 사람을 위해 어떤 일을 한다'는 것 자체가 아주 기분 좋은 일이랍니다.**

타산打算으로는
후련한 감정을 얻을 수 없어요.

살면서
고민을
아예 없앨 수는
없으니까

———

———

———

아무 고민 없이 사는 사람은 아마 아무도 없을 겁니다. 누구나 많든 적든 나름의 고민을 안고 현실과 그럭저럭 타협하며 살고 있지 않을까요?

저도 이 책에서 "이렇게 하면 마음의 짐을 내려놓을 수 있어요"라고 큰소리치며 조언하고 있지만 누군가 "그럼 당신은 전혀 고민 없이 깨달음을 얻은 듯 사나요?" 하고 질문한다면 전혀 그렇지 않다고 대답할 수밖에 없습니다.

다만 저는 다소의 심리학 지식이 있고 게다가 스스로 심리학 법칙을 실천하는 활동가인지라, 보통 사람보다는 스트레스나 마음의 고민을 줄이며 살고 있지 않을까 생각합니다.

인간으로 살아가는 이상, 고민 자체를 완전히 없앨

수는 없겠죠. 하지만 고민의 강도를 약하게 할 수는 있습니다. '아, 이 정도는 어쩔 수 없지'라고 스스로 이해할 수 있는 수준으로까지 줄일 수 있답니다.

이 책에서는 최대한 간단하게 바로 그 자리에서 실천할 수 있는 심리 테크닉을 소개했습니다. 소도구 같은 걸 준비해야 하는 방법도 있는데 바로 구할 수 있는 것들이니까 준비하는 데 그리 힘들지는 않을 겁니다.

세상에는 사기꾼같이 지독한 사람들이 있어서 사람들의 고민을 파고들어 고액의 상품을 팔려고 하거나 이상한 종교를 권유하기도 합니다. 이런 사람들을 피하기 위해서라도, 반드시 **'자신의 고민은 스스로 해결한다'**라는 기본자세를 지키세요. 이런 점에서 이 책이 조금이라도 도움이 되면 좋겠습니다.

마지막까지 읽어주셔서 정말로 감사드립니다. 독자 여러분이 고민에 휘둘리지 않고 늘 밝고 즐겁게 사시길 기원하면서 펜을 놓습니다.

그럼 언젠가 다시 만나요.

나이토 요시히토

1장

다카하시 노부오高橋伸夫

데이비드 닐David Neal

렉스 워랜드Rex Warland

리베카 레이Rebecca Ray

배리 슈워츠Barry Schwartz

사울 지브니Saul Gibney

앨리 혹실드Arlie Hochschild

장성천Changsheng Chen, 陳昌盛

제이컵 저코비Jacob Jacoby

파올로 마자리노Paolo Mazzarino

피오나 나Fiona Nah

2장

라이언 하월Ryan Howell

모이라 딘Moira Dean

아인슬리 미어스Ainslie Meares

엘리엇 애런슨Elliot Aronson

질 테일러Jill Taylor

타냐 마일런샤츠Tanya Milon-Schatz

토머스 웹Thomas Webb

3장

다카하시 가쓰노리高橋克徳

레이첼 맥도널드Rachel McDonald

미카엘라 시퍼즈Michaéla Schippers

베르너 퀴스텐마허Werner T. Küstenmacher

스테판 레히트샤펜Stephan Rechtschaffen

제니퍼 하월Jennifer Howell

제이슨 드월Jason Drwal

진 도널드슨Jean Donaldson

카타지나 칸타레로Katarzyna Cantarero

커크 브라운Kirk Brown

크리스토퍼 로버트Christopher Robert

4장

렌조 비앙키Renzo Bianchi

미셸 마크스Michelle Marks

브루스 러빈Bruce Levine

셸리 타일러Shelly Tyler

재키 앤드레이드Jakie Andrade

저스틴 카레Justin Carré

존 헬리웰John F. Helliwell

티머시 윌슨Timothy D. Wilson

페트라 슈미트Petra Schmid

5장

리처드 테데스키Richard Tedeschi

마크 시어리Mark Seery

브래드 부시먼Brad J. Bushman

에바 켐프스Eva Kemps

에이던 크로스Aidan Kross

엘리세바 그로스Elisheva F. Gross

장천Chang Chen

6장

레나테 체르빈카Renate Cervinka

레이철 핼릿Rachel Hallett

버크 버먼Burke Berman

에릭 케번Erick Keverne

페기 소이츠Peggy Thoits

프레드 브라이언트Fred Bryant

피터 킬먼Peter Kilmann

참고문헌

Abdel-Khalek, A. M., & El-Yahfoufi, N. *2005 Wealth is associated with lower anxiety in a sample of Lebanese students.* Psychological Reports, 96, 542-544.

Andrade, J., Pears, S., May, J., & Kavanagh, D. J. *2012 Use of clay modeling task to reduce chocolate craving.* Appetite, 58, 955-963.

Aronson, E., Willerman, B., & Floyd, J. *1966 The effect of a pratfall on increasing interpersonal attractiveness.* Psychonomic Science, 4, 227-228.

Berman, M. G., Jonides, J., & Kaplan, S. *2008 The cognitive benefits of interacting with nature.* Psychological Science, 19, 1207-1212.

Bianchi, R., Schonfeld, I. S., & Laurent, E. *2015 Interpersonal rejection sensitivity predicts burnout: A prospective study.* Personality and Individual Differences, 75, 216-219.

Brown, J. D. *2010 High self-esteem buffers negative feedback: One more with feeling.* Cognition and Emotion, 24, 1389-1404.

Brown, K. W., & Ryan, R. M. *2003 The benefits of being present; Mindfulness and its role in psychological well-being.* Journal of Personality and Social Psychology, 84, 822-848.

Bryant, F. B., Smart, C. M., & King, S. P. *2005 Using the past to enhance the present: Boosting happiness through positive reminiscence.* Journal of Happiness Studies, 6, 227-260.

Bushman, B. J. *2002 Does venting anger feed or extinguish the flame? Catharsis, rumination, distraction, anger, and aggressive responding.* Personality and Social Psychology Bulletin, 28, 724-731.

Cantarero, K., & van Tilburg, W. A. P. *2014 Too tired to taint the truth: Ego-depletion reduces other-benefiting dishonesty.* European Journal of Social Psychology, 44, 743-747.

Carre, J. M., & Putnam, S. K. *2010 Watching a previous victory produces an increase in testosterone among elite hockey players.* Psychoneuroendocrinology, 35, 475-479.

Cattan, M., Kime, N., & Bagnall, A. M. *2011 The use of telephone befriending in low level support for socially isolated older people—an evaluation.* Health and Social Care in the Community, 19, 198-206.

Cervinka, R., Roderer, K., & Hefler, E. *2011 Are nature lovers happy? On various indicators of well-being and connected with nature.* Journal of Health Psychology, 17, 379-388.

Chen, Z., & Williams, K. D. *2012 Imagined future social pain hurts more now than imagined future physical pain.* European Journal of Social Psychology, 42, 314-317.

Chen, Z. S., Williams, K. D., Fitness, J., & Newton, N. C. *2008 When hurt will not heal. Exploring the capacity to relive social and physical pain.* Psychological Science, 19, 789-795.

Constantino, M. J., Laws, H. B., Arnow, B. A., Klein, D. N., Rothbaum, B. O., & Manber, R. *2012 The relation between changes in patients' interpersonal impact messages and outcome in treatment for chronic depression.* Journal of Consulting and Clinical Psychology, 80, 354-364.

Dean, M., Raats, M. M., & Shepperd, R. *2008 Moral concerns and consumer choice of fresh and processed organic foods.* Journal of Applied Social Psychology, 38, 2088-2907.

Donaldson, J. M., & Vollmer, T. R. *2012 A procedure for thinning the schedule of time-out.* Journal of Applied Behavior Analysis, 45, 625-630.

Drwal, J. *2008 The relationship of negative mood regulation expectancies with rumination and distraction.* Psychological Reports, 102, 709-717.

Erskine, J. A. K. *2008 Resistance can be futile: Investigating behavioural rebound.* Appetite, 50, 415-421.

Erskine, J. A. K., Georgiou, G. J., & Kvavilashvill, L. *2010 I suppress, therefore I smoke: Effects of thought suppression on smoking behavior.* Psychological Science, 21, 1225-1230.

Gibney, S., Martens, A., Kosloff, S., & Dorahy, M. J. *2013 Examining the impact of obedient killing on peritraumatic dissociation using a bug-killing paradigm.* Journal of Social and Clinical Psychology, 32, 261-275.

Giuliani, N. R., Calcott, R. D., & Berkman, E. T. *2013 Piece of cake, cognitive reappraisal of food craving.* Appetite, 64, 56-61.

Greer, S. *1991 Psychological response to cancer and survival.* Psychological Medicine, 21, 43-49.

Gross, E. F. 2009 *Logging on, bouncing back: An experimental investigation of online communication following social exclusion.* Developmental Psychology, 45, 1787-1793.

Hallett, R., & Lamont, A. *2019 Evaluation of a motivational pre-exercise music intervention.* Journal of Health Psychology, 24, 309-320.

Helliwell, J. F., & Huang, H. *2011 Well-being and trust in the workplace.* Journal of Happiness Studies, 12, 747-767.

Hochschild, A. R. *1979 Emotion work, feeling rules, and social structure.* American Journal of Sociology, 85, 551-575.

Howell, J., Koudenberg, N., Loschelder, D. D., Weston, D., Fransen, K., de Dominicis, S., Gallagher, S., & Haslam, S. A. *2014 Happy but unhealthy: The relationship between social ties and health in an emerging network.* European Journal of Social Psychology, 44,

612-621.

Howell, R. T., Kurai, M., & Tam, L. *2013 Money buys financial security and psychological need satisfaction: Testing need theory in affluence.* Social Indicators Research, 110, 17-29.

Jacoby, J., Speller, D. E., & Kohn, C. A. *1974 Brand choice behavior as a function of information load.* Journal of Marketing Research, 11, 63-69.

Kasser, T., & Ryan, R. M. *1996 Further examining the American dream: Differential correlates of intrinsic and extrinsic goals.* Personality and Social Psychology Bulletin, 22, 280-287.

Kemps, E., & Tiggemann, M. *2013 Hand-held dynamic visual noise reduces naturally occurring food cravings and craving-related consumption.* Appetite, 68, 152-157.

Keverne, E. B., Martensz, N. D., & Tutte, B. *1989 Beta-endorphin concentrations in cerebrospinal fluid of monkeys are influenced by grooming relationships.* Psychoneuroendocrinology, 14, 155-161.

Kilmann, P. R., & Auerbach, S. M. *1974 Effects of marathon group therapy on trait and state anxiety.* Journal of Consulting and Clinical Psychology, 42, 607-612.

King, L. A. *2001 The health benefits of writing about life goals.* Personality and Social Psychology Bulletin, 27, 798-807.

Kross, E., & Ayduk, O. *2008 Facilitating adaptive emotional analysis: Distinguishing distanced-analysis of depressive experiences from immersed-analysis and distraction.* Personality and Social Psychology Bulletin, 34, 924-938.

Levine, B. A. *1976 Treatment of trichotillomania by covert sensitization.* Psychiatry, 7, 75-76.

Marks, M., & Harold, C. *2011 Who asks and who receives in salary negotiation.* Journal of Organizational Behavior, 32, 371-394.

Mastellone, M. *1974 Aversion therapy: A new use for the old rubber band.* Journal of Behavior Therapy and Experimental Psychiatry, 5, 311-312.

Mcdonald, R. I., Newell, B. R., & Deson, T. F. *2014 Would you rule out going green? The effect of inclusion versus exclusion mindset on pro-environmental willingness.* European Journal of Social Psychology, 44, 507-513.

Millar, M. G., & Millar, K. *1995 Negative affective consequences of thinking about disease detection behaviors.* Health Psychology, 14, 141-146.

Miron-Shatz, T. *2009 "Am I going to be happy and financially stable?": How American women feel when they think about financial security.* Judgment and Decision Making, 4, 102-112.

Modin, B., Ostberg, V., & Almquist, Y. *2011 Childhood peer status and adult susceptibility to anxiety and depression. A 30-year hospital follow-up.* Journal of Abnormal Child Psychology, 39, 187-199.

Muraven, M. *2010 Building self-control strength; Practicing self-control leads to improved self-control performance.* Journal of Experimental Social Psychology, 46, 465-468.

Nah, F. F. H. *2004 A study on tolerable waiting time: How long are web users willing to wait? Behaviour and Information Technology*, 23, 153-163.

Nathan, D. C., Geoff, M., Webster, G. D., Masten, C. L., Baumeister, R. F., Powell, C., Combs, D., Schurtz, D. R., Stillman, T. F., Tice, D. M., & Eisenberger, N. I. *2010 Acetaminophen reduces social pain: Behavioral and neural evidence.* Psychological Science, 21, 931-937.

Neal, D. T., Wood, W., & Drolet, A. *2013 How do people adhere to goals when willpower is low? The profits(and pitfalls) of strong *habits*. Journal of Personality and Social Psychology, 104, 959-975.

Paquette, V., Levesque, J., Mensour, B., Leroux, J. M., Beaudoin, G., Bourgouin, P., & Beauregard, M. *2003 "Change the mind and you change the brain": Effects of cognitive? behavioral therapy on the neural correlates of spider phobia.* Neuroimage, 18, 401-409.

Ray, R. D., Wilhelm, F. H., & Gross, J. J. *2008 All in mind's eye? Anger rumination and reappraisal.* Journal of Personality and Social Psychology, 94, 133-145.

Robert, C., & Wilbanks, J. E. *2012 The wheel model of humor: Humor events and affect in organizations.* Human Relations, 65, 1071-1099.

Ruedy, N. E., Moore, C., Gino, F., & Schweitzer, M. E. *2013 The Cheater's high: The unexpected affective benefits of unethical behavior.* Journal of Personality and Social Psychology, 105, 531-548.

Schippers, M. C., & Van Lange, P. A. M. *2006 The psychological benefits of superstitious rituals in top sport: A study among top sportspersons.* Journal of Applied Social Psychology, 36, 2532-2553.

Schmid, P. C., & Mast, M. S. *2013 Power increases performance in a social evaluation situation as a result of decreased stress responses.* European Journal of Social Psychology, 43, 201-211

Schwartz, B., Ward, A., Monterosso, J., Lyubomirsky, S., White, K., & Lehman, D. R. *2002 Maximizing versus satisficing: Happiness is a matter of choice.* Journal of Personality and Social Psychology, 83, 1178-1197.

Seery, M. D., Silver, R. C., Holman, E. A., Ence, W. A., & Chu, T. Q. *2008 Expressing thoughts and feeling following a collective trauma: Immediate responses to 9/11 predict negative outcomes in a national sample.* Journal of Consulting and Clinical Psychology, 76, 657-667.

Taylor, L. D. *2012 Cads and dads on screen: Do media representations of partner scarcity affect partner preferences among college-aged women?* Communication Research, 39, 523-542.

Taylor, S. E., Lerner, J. S., Sherman, D. K., Sage, R. M., & McDowell, N. K. *2003 Portrait of the self-enhancer: Well adjusted and well liked or maladjusted and friendless?* Journal of Personality and Social Psychology, 84, 165-176.

Tedeschi, R. G., & Calhoun, L. G. *2004 Posttraumatic growth: Conceptual foundations and empirical evidence.* Psychological Inquiry, 15, 1-18.

Thoits, P. A., & Hewitt, L. N. *2001 Volunteer work and wellbeing.* Journal of Health and Social Behavior, 42, 115-131.

Twenge, J. M., Zhang, L., Catanese, K. R., Dolan-Pascoe, B., Lyche, L. F., & Baumeister, R. F. *2007 Replenishing connectedness: Reminders of social activity reduce aggression after social exclusion.* British Journal of Social Psychology, 46, 205-224.

Warland, R. H., Herrmann, R. O., & Willits, J. *1975 Dissatisfied consumers: Who gets upset and who takes action.* Journal of Consumer Affairs, 9, 148-163.

Webb, T. L., Miles, E., & Sheeran, P. *2012 Dealing with feeling: A meta-analysis of the effectiveness of strategies derived from the process model of emotion regulation.* Psychological Bulletin, 138, 775-808.

Wilson, T. D., Wheatley, T., Meyers, J. M., Gilbert, D. T., & Axsom, D. *2000 Focalism: A source of durability bias in affective forecasting.* Journal of Personality and Social Psychology, 78, 821-836.